O julgamento de Kissinger

Christopher Hitchens

O julgamento de Kissinger

Tradução e notas
Adelina França

© Christopher Hitchens
© da tradução brasileira, Boitempo Editorial, 2002

Título original: *The Trial of Henry Kissinger*, Verso, Londres, 2001

Editora
Ivana Jinkings

Tradução e notas
Adelina França

Revisão de tradução
Gilberto Maringoni

Editora assistente
Sandra Brazil

Revisão
Márcia Nóboa Leme
Maurício Balthazar Leal
Shirley Gomes

Capa
Antonio Kehl
baseado na capa da edição inglesa. Foto de Christian Witkin.

Editoração eletrônica
Antonio Kehl
Renata Alcides

Coordenação de produção
Eliane Alves de Oliveira

ISBN 85-85934-98-0

Todos os direitos para a língua portuguesa reservados. Nenhuma parte deste livro
pode ser utilizada ou reproduzida sem a expressa autorização da editora.

1ª edição: junho de 2002

BOITEMPO EDITORIAL
Jinkings Editores Associados Ltda.
Rua Euclides de Andrade, 27   Perdizes
05030-030   São Paulo   SP
Tel./Fax: (11) 3875-7250/3872-6869
e-mail: editora@boitempo.com
site: www.boitempo.com

Às corajosas vítimas de Henry Kissinger, cujo exemplo sobreviverá a ele e a sua "reputação".

E para Joseph Heller, que percebeu tudo antes de todos:

"Na opinião conservadora de Gold, Kissinger não será lembrado historicamente como um Bismarck, um Metternich ou um Castlereagh, mas sim como um desqualificado odioso que provocou guerras alegremente."

(*Good as Gold*, 1976)

Sumário

Apresentação	11
Prefácio à segunda edição inglesa	19
Prefácio	33
Introdução	37
Abre-se a cortina: o segredo de 1968	43
Indochina	55
Uma amostra dos casos: os crimes de guerra na Indochina	61
Bangladesh: genocídio, golpe e assassinato	79
Chile	89
Um epílogo sobre o Chile	105
Chipre	109
Timor Leste	121
Um trabalho "sujo" em Washington?	135
Epílogo: a margem de lucro	147
Lei e justiça	153
Apêndice I: um fragmento perfumado	159
Apêndice II: a carta de Demetracopoulos	173
Agradecimentos	179
Índice onomástico	183

Apresentação

Giancarlo Summa

Aos 78 anos, idade que para a grande maioria dos homens é própria apenas para o descanso da aposentadoria, Henry Kissinger continua a ser uma das vozes mais ouvidas do planeta quando o assunto é política internacional.

Mais. Se o prestígio se mede pelo número de citações – prática corrente nos Estados Unidos, onde tudo se divide entre vencedores e perdedores –, Kissinger pode ser considerado o intelectual vivo mais influente no coração do Império. Na classificação organizada por Richard Posner em seu recente ensaio *Public Intellectuals: A Study of Decline* (Intelectuais públicos: um estudo de decadência) (Harvard University Press, 2002), o nome de Kissinger emerge como o mais citado em livros, periódicos e páginas da internet entre 1995 e 2000.

O *doutor* Kissinger, como adora ser chamado, foi e continua a ser um vencedor, desde que, judeu alemão fugindo do nazismo, chegou adolescente aos Estados Unidos, o país que se tornaria sua pátria – e o palanque para seu sucesso. Para começar, um vencedor na academia, como catedrático em Harvard. Depois, na política: alto funcionário da diplomacia norte-americana, secretário de Estado, prêmio Nobel da Paz. E, por fim, vencedor nos negócios, como lobista e consultor de luxo: sua empresa, a Kissinger Associates, com luxuosa sede no coração de Nova York, prospera azeitando contatos (às vezes espúrios) entre multinacionais e governos de meio mundo, enquanto ele próprio destila sua sabedoria em palestras a US$ 30 mil a apresentação.

Os ensaios de Kissinger – em geral tijolaços cujo número de páginas é proporcional às dimensões do ego do autor, e que ainda assim carecem de qualquer detalhe que possa criar-lhe embaraço –

costumam ser traduzidos mundo afora, assim como seus intermináveis artigos sobre política internacional. Mas a benevolência e a gratidão do *establishment* não têm sido suficientes para poupar-lhe desgostos. O livro que está agora em suas mãos tem sido responsável por parte das dores de cabeça do velho Kissinger.

Christopher Hitchens é um jornalista inglês de 52 anos, que há trinta mora nos Estados Unidos. É um respeitado articulista de publicações de esquerda, como a revista norte-americana *The Nation*, mas é principalmente um iconoclasta: esteve entre os primeiros a apoiar Salman Rushdie quando este foi condenado à morte pelos fundamentalistas islâmicos; escreveu um livro demolidor sobre madre Teresa de Calcutá; e, recentemente, posicionou-se *a favor* da intervenção dos Estados Unidos no Afeganistão após os atentados de 11 de setembro de 2001 (nisso, chocando-se duramente com Noam Chomsky).

O julgamento de Kissinger, publicado nos Estados Unidos em maio de 2001, é o resultado de meses de mergulho em pilhas de documentos secretos que acabavam de ser liberados pela administração Clinton – não por acaso, uma das primeiras providências de George W. Bush na Casa Branca foi mudar as regras de liberação dos arquivos oficiais.

Baseado na nova documentação a que teve acesso, e na triagem da literatura já existente, Hitchens elaborou um verdadeiro dossiê de acusação contra os crimes perpetrados por Kissinger nos anos passados na Casa Branca: a partir de 1969, como assistente da Segurança Nacional do então presidente Richard Nixon, e de 1973 a 1976, como secretário de Estado.

Naqueles sete longos anos, lembra Hitchens, Kissinger presidiu o comitê encarregado de supervisionar todas as "operações encobertas" efetuadas pelos diversos organismos do governo – a começar pela CIA. Por isso, é impossível que Kissinger, conhecido por ser detalhista ao extremo, não soubesse das atividades de seus subordinados.

As acusações de Hitchens são pontuais e se concentram em algumas questões específicas. As principais são:

1. O assassínio deliberado de centenas de milhares de civis durante a guerra no Vietnã, quando Kissinger e Nixon mandaram, em segredo, bombardear o Camboja e o Laos – dois paí-

APRESENTAÇÃO 13

ses com os quais os Estados Unidos não estavam em guerra (calcula-se que, ao todo, esses bombardeios tenham matado quase 1 milhão de pessoas; Kissinger ficou *excited* com os resultados);

2. O suporte e as armas oferecidas, em 1971, ao golpe militar conduzido em Bangladesh pelo general Yahya Khan – a quem, em seguida, Kissinger agradeceria por "sua delicadeza e seu tato" –, durante o qual foram chacinados centenas de milhares de hindus;

3. O direto envolvimento dos Estados Unidos, em 1970, no assassinato do general René Schneider, o comandante das forças armadas chilenas que se declarara favorável à posse de Salvador Allende, e, em seguida, no golpe militar de 1973 (uma frase de Kissinger tornou-se tristemente célebre: "Não vejo por que temos de ficar parados enquanto um país se torna comunista pela irresponsabilidade de seu povo");

4. O apoio dado ao então ditador Suharto quando, em 1975, o exército da Indonésia invadiu Timor Leste, matando cerca de 200 mil civis.

A publicação do livro de Hitchens coincidiu com o início dos problemas de Kissinger. Em maio de 2001, a polícia francesa intimou Kissinger, hospedado num hotel de Paris, a depor no processo pela morte de cinco cidadãos franceses no Chile durante a ditadura de Pinochet. Para não ter que comparecer ao tribunal, Kissinger deixou o país às pressas. Depois desse primeiro embaraço, ele teria confiado a amigos não se sentir mais seguro para viajar ao exterior; de lá para cá, portanto, para ele o mundo foi se tornando cada vez menor.

Em julho de 2001, a justiça chilena enviou ao governo dos Estados Unidos uma lista de perguntas endereçadas a Kissinger sobre o assassinato do jornalista norte-americano Charles Horman durante o golpe militar de 1973 (o crime que inspirou o filme *Missing*, do diretor Costantin Costa-Gavras). Em agosto, um juiz federal argentino pediu aos Estados Unidos para interrogar Kissinger em relação à Operação Condor, o acordo de cooperação entre os aparatos de repressão das ditaduras do Cone Sul, que na década de 1970 trocavam informações e prisioneiros a serem desaparecidos. Em setembro, foi a vez de Washington: a família do general chileno René Schneider, morto em Santiago em 1970 por militares golpistas, entrou com uma ação judicial para pedir a Kissinger uma indenização judicial de US$ 3 milhões pelo envolvimento da CIA no crime, cometido para tentar impedir a posse do presidente Allende.

O último episódio, pelo menos até esta data, se deu no Brasil. Kissinger havia sido convidado para participar das comemorações do 65º aniversário da Congregação Israelita Paulista, em março de 2002. Na ocasião, conforme o rabino Henry Sobel confidenciou a jornalistas, o presidente Fernando Henrique Cardoso condecoraria Kissinger com a Ordem do Cruzeiro do Sul, a mais alta honorificência brasileira para um cidadão estrangeiro.

Logo que a notícia se espalhou, começou a circular pela internet um abaixo-assinado preparado pela Consulta Popular – uma organização que reúne ativistas e intelectuais de esquerda – a partir do livro de Hitchens. O documento, endereçado a FHC por e-mail, definia como "obscena e inaceitável" a eventual condecoração de Kissinger, e pedia para arquivar a idéia, em nome "da democracia, dos direitos humanos, da dignidade humana e da decência". Não foi possível descobrir quantos e-mails chegaram ao Palácio do Planalto (quando consultada a respeito, a assessoria de imprensa da Presidência disse "desconhecer o assunto"), mas o número foi suficiente para que o governo brasileiro aconselhasse informalmente o cancelamento da viagem – sugestão que Kissinger acatou no ato, alegando "imprevistos" em sua agenda.

Vale a pena tentar entender o que significa essa repentina atenção para com a atuação de Kissinger em sua antiga carreira: afinal, ele não tem mais cargos de governo há quase trinta anos, e ninguém pode afirmar ter descoberto somente agora como agia a diplomacia norte-americana naqueles tempos de Guerra Fria.

O ponto de virada foi representado, em outubro de 1998, pela detenção em Londres do ex-ditador chileno Pinochet, em conseqüência de um mandado de prisão expedido pelo promotor espanhol Baltasar Garzón. Logo em seguida, o comitê judicial da Câmara dos Lordes, a mais alta corte britânica, tomou uma decisão que é apropriado chamar histórica: determinou que Pinochet não tinha direito a imunidade como ex-presidente de um país soberano, já que os crimes pelos quais era acusado (assassinato, tortura e seqüestro) não são atribuições de chefe de Estado. Os Lordes reconheceram que Pinochet não poderia ser processado no Chile – onde o regime militar concedeu a si próprio uma anistia completa antes de devolver o poder aos civis –, mas afirmaram que essa anistia não se aplicava à lei britânica e às leis internacionais.

A base jurídica para essa decisão se baseava na aplicação de um conceito relativamente novo, utilizado pela primeira vez no processo de Nuremberg aos líderes nazistas, após o fim da Segunda Guerra Mundial: nenhum chefe, ou ex-chefe, de Estado tem imunidade no que se refere aos "crimes contra a humanidade".

Trata-se de um conceito muito mais abrangente de que os tradicionais "crimes de guerra", que implicam apenas a violação das convenções internacionais (as de Haia, de 1899 e de 1907, e a de Genebra, de 1949) relativas aos enfrentamentos militares entre países (e que de qualquer forma proíbem o uso de tortura, execuções sumárias e seqüestros de pessoa). As atrocidades cometidas nas guerras civis ou na repressão interna contra os cidadãos de um determinado país, portanto, não podem ser punidas pelas leis que regulam os conflitos armados entre Estados. Daqui, a necessidade de introduzir no ordenamento internacional normas que permitam perseguir os crimes cometidos nessas situações.

Os primeiros passos nessa direção foram dados com a instituição do tribunal penal internacional para Ruanda, e do tribunal penal internacional para a ex-Iugoslávia. O objetivo final é a instituição de um Tribunal Penal Internacional (TPI) permanente, conforme previsto no Estatuto de Roma de 1998. Para ser implementado, o TPI deveria ser ratificado por 60 países, e até agora conta com 52 assinaturas. No entanto, é quase impossível que o TPI se torne realidade no curto prazo, já que os Estados Unidos e várias outras nações importantes (China, Rússia, Brasil, Austrália etc.) são, por distintas razões, contrárias à criação de uma corte de competência universal. Os Estados Unidos, particularmente, não admitem que seus soldados (ou chefes políticos, no caso de Kissinger) possam vir a ser julgados por terceiros. O império quer garantia de impunidade para os crimes de seus pretorianos.

Em seu último livro – *Does America Need a Foreign Policy?* (Os Estados Unidos precisam de uma política estrangeira?) (Simon & Schuster, 2001) –, Kissinger tenta explicar sua posição contrária à "jurisdição universal". Em sua opinião, a defesa dos direitos humanos devia, na época da Guerra Fria, "servir principalmente como uma arma diplomática que permitisse aos cidadãos dos países comunistas combaterem contra o regime soviético", mas não deve ser utilizada "como arma legal para ser usada contra os líderes políticos nos tribunais de terceiros países". Mais adiante, Kissinger afirma que agora é fundamental impedir que "os princípios do direito sejam utilizados para fins políticos".

Parece uma defesa em causa própria. Até nos Estados Unidos, no entanto, está crescendo a atenção em relação a esse problema – embora, após os atentados de 11 de setembro de 2001, os desejos de vingança pareçam maiores do que os de justiça. Em agosto do ano passado, a *Village Voice*, uma revista progressista de Nova York, publicou uma matéria de capa sobre Kissinger com o título "O Milosevic de Manhattan". Como acontece às vezes com o jornalismo, aquela manchete conseguiu sintetizar em poucas palavras notícia, análise e o pulso da percepção de parcela importante da opinião pública.

As acusações de Hitchens não são, em sua maioria, novas, principalmente no caso da Guerra do Vietnã e do golpe chileno. O autor, no entanto, conseguiu condensar em poucas páginas assuntos normalmente conhecidos apenas por especialistas, e até fazer algumas revelações. O objetivo de Hitchens é o de relatar os atos de Kissinger que poderiam servir como base para indiciá-lo por crimes de guerra e crimes contra a humanidade, de acordo com a nova jurisprudência internacional sumariamente descrita acima.

O julgamento contra Slobodan Milosevic, ex-presidente da Iugoslávia, teve início em Haia em fevereiro deste ano, e, salvo surpresas, deve terminar com a condenação do réu pelos crimes cometidos na Guerra dos Bálcãs. Trata-se, como no caso de Nuremberg, do processo dos vencedores contra a parte derrotada. Milosevic sem dúvida foi o responsável por inúmeros crimes, mas não mais do que os líderes croatas, bósnios e kosovaros. (Para voltar a Nuremberg: os nazistas foram responsáveis por um crime que não comporta adjetivos – o Holocausto –, mas nenhum comandante das tropas aliadas jamais foi processado pelos bombardeios indiscriminados das cidades alemãs que mataram desnecessariamente centenas de milhares de civis, para não falar das bombas atômicas lançadas contra Hiroshima e Nagasaki.)

Apresentação 17

É difícil imaginar que Kissinger possa um dia sentar-se no banco dos réus, em Haia ou em qualquer outro lugar. O valor do livro de Hitchens e das mobilizações contra Kissinger é outro: lembrar ao mundo que os valores de justiça devem ser realmente universais. Para evitar, como escreve Hitchens citando o filósofo grego Anacharsis, que as leis sejam como teias de aranha: fortes o suficiente para deter os fracos.

A alternativa é a barbárie.

março de 2002

PREFÁCIO À SEGUNDA EDIÇÃO INGLESA

Quando surgiu no que hoje parece ser a pré-histórica primavera de 2001, este livro provocou certo desprezo de alguns setores, e por duas razões. Alguns se recusaram a acreditar que as evidências apresentadas contra Henry Kissinger pudessem ser verdadeiras. Outros, ainda que admitindo a veracidade dos documentos oficiais, mesmo assim duvidavam da simples idéia de colocar figura tão poderosa ao alcance da lei.

O fato de o transcurso de apenas um ano ter trazido novas e incriminadoras descobertas e gerado novos e significativos desenvolvimentos pouco diz do autor, mas diz muito do objeto do livro. A começar pelas descobertas, é possível apontar evidências novas e conclusivas em quatro dos tópicos originalmente discutidos aqui: Indochina, América Latina, Timor Leste e Washington, DC. E, passando pelos acontecimentos na área jurídica, é possível citar importantes acusações levantadas contra Kissinger em quatro países democráticos, inclusive o dele próprio. Espero não parecer presunçoso ao dizer que a maioria desses acontecimentos e dessas acusações já estavam implícitos na primeira edição deste livro. De qualquer forma, eles aparecem nas páginas a seguir, e o leitor poderá analisar por comparação com o texto original, inalterado.

Indochina

Surgiu material adicional sobre as origens assim como sobre a conclusão desse terrível episódio das histórias dos Estados Unidos e da Ásia. A publicação do livro de Larry Berman *No Peace, No Honor: Kissinger, Nixon and Betrayal in Vietnam* (Sem paz, sem honra: Kissinger, Nixon e traição no Vietnã), no início de 2001, veio oferecer evidências adicionais da diplomacia secreta e ilegal seguida por Nixon e seus asseclas durante o outono de 1968 e discutida aqui no capítulo Abre-se a cortina: o segredo de 1968, bem como no Apêndice I. Pode-se, de fato, afirmar com segurança que esse escândalo vergonhoso foi, de certa forma, incluído nos registros históricos oficiais aceitos na forma como hoje é conhecida, por seu verdadeiro nome, a provocação original no Golfo de Tonkin feita pelo presidente Johnson. (Na edição dos documentos pessoais e das conversas mantidas com o ex-presidente no outono de 2001, o professor Michael Beschloss apresentou provas diretas de que o presidente Johnson tinha plena consciência de estar mentindo para o Congresso e para o mundo sobre aquele episódio.)

Quanto aos momentos finais daquela guerra horrível, no mês de maio de 2001 ocorreu o lançamento de um livro extraordinário, *The Last Battle: the Mayaguez Incident and the End of Vietnam War* (A última batalha: o incidente do *Mayaguez* e o fim da Guerra no Vietnã). Escrito por Ralph Wetterhahn, um veterano do Vietnã que decidiu dar continuidade ao tema, o livro estabelece, sem sombra de dúvidas, com base em documentos da época e em entrevistas posteriores, que:

a) a tripulação do *Mayaguez* nunca esteve presa em Koh Tang, a ilha que foi invadida pelos fuzileiros navais americanos;

b) os cambojanos já haviam anunciado a intenção de devolver o navio de guerra e o fizeram apesar da continuidade dos bombardeios sobre território cambojano. A tripulação estava presa em outra ilha, chamada Rong Sam Lem. As declarações de Ford e de Kissinger, reivindicando crédito pela libertação final atribuída à invasão da ilha errada, foram evidentemente mentirosas;

c) as perdas americanas foram maiores do que as admitidas: 23 homens foram sacrificados na queda de um helicóptero na Tailândia – isso jamais foi reconhecido como parte da operação. Assim, sacrificaram-se 64 soldados para "libertar" 40 marinheiros que já estavam soltos, e que não estavam, nem jamais estiveram, no local anunciado;

d) o resultado do pânico e da confusão iniciais foi que três fuzileiros navais, esquecidos na ilha de Koh Tang, mais tarde foram capturados e assassinados pelo Khmer Vermelho[1]. Os nomes do

---

[1] O Khmer Rouge foi um violento movimento de guerrilha no Camboja, formado após os ataques norte-americanos.

Prefácio à segunda edição inglesa 21

cabo Joseph Hargrove e dos soldados Gary Hall e Danny Marshall não aparecem em nenhum memorial, muito menos no mural dos Veteranos do Vietnã (ver páginas 59 e 60). Por muitos anos seus nomes foram desconhecidos oficialmente, e tal negação poderia ter continuado indefinidamente, não fosse pelos esforços do sr. Wetterhahn.

Kissinger foi a figura crucial desse crime e de sua ocultação, afirmando já no início da crise a necessidade de lançar imediatamente (e repetidamente) os B-52 contra o Camboja, insistindo no lançamento da BLU-852 – um artefato de 7,5 toneladas – no centro da ilha de Koh Tang. Ele deve ter sido também figura central no episódio arrepiante tornado público por William Triplett na publicação oficial dos Veteranos Americanos do Vietnã. O sr. Triplett entrevistou o então secretário de Defesa, que se recordou de duas reuniões do gabinete durante a crise. Na primeira, Kissinger exigiu o uso dos B-52. Na segunda – não menos alarmante para o secretário Schlessinger –, decidiu-se afundar todos os navios localizados nas proximidades da ilha de Koh Tang. Segundo Schlessinger:

> Quando voltei ao Pentágono ... disse que, antes de afundar qualquer navio, nossos pilotos deviam voar baixo sobre os navios para ver se havia membros da tripulação (*Mayaguez)* a bordo. Se houvesse, eles deveriam informar antes de qualquer ação. Ao sobrevoar a área, um dos pilotos da Marinha comunicou que havia "caucasianos" a bordo de um navio. Pelo menos ele achava que tinha visto. Mais tarde se soube que toda a tripulação do *Mayaguez* estava a bordo daquele navio.
> P. O senhor informou a Casa Branca desse navio com caucasianos a bordo?
> R. Certamente.
> P. E foi então que a Casa Branca ordenou que ele fosse afundado?
> R. É verdade. A Casa Branca respondeu: "Nós ordenamos o afundamento de todos os navios. Portanto, afunde-o".

Ao decidir adiar a ação por três horas, o secretário da Defesa conseguiu evitar que se cometesse essa atrocidade. E, quando diz "Casa Branca", ele não se refere ao presidente, pois isso teria ficado claro. De qualquer maneira, sabemos quem estava a cargo do "resgate" do *Mayaguez*, e quem na época reivindicou os créditos por ele. Com certeza vamos descobrir muito mais a respeito da política de "responsabilidade" de Kissinger na Indochina, à medida que mais oficiais publiquem suas memórias ou façam suas confissões.

América Latina

O registro documental sobre o Chile está quase completo, mas ainda há muito a saber com relação ao papel de Kissinger na Operação Condor (ver capítulo Chile), e na orientação da ditadura e da repressão que ajudou a nascer. Uma reportagem recente de Martin Edwin Anderson e John Dinges, publicada na conservadora revista *Insight*, de Washington, em janeiro de 2002, apresentou-nos provas irrefutáveis da aprovação no alto escalão para a "guerra suja" e os "desaparecimentos" em meados da década de 1970 na Argentina.

Nesse caso a evidência é indiscutível por se ter originado de um membro importante da ditadura argentina e de um diplomata americano ultraconservador. O primeiro, o almirante César Guzzetti, ministro de Relações Exteriores do general Videla, teve uma discussão relativa a meios e fins com o segundo, o embaixador Robert Hill. O embaixador Hill era um veterano da guerra fria, ligado por laços de família com a oligarquia empresarial da América Latina. Indicado por Nixon para o posto de Buenos Aires, ele já havia servido satisfatoriamente em vários regimes despóticos de direita. Mas Hill ficou assustado com a campanha de assassinatos desencadeada na Argentina depois do golpe de 1976 e angustiado com a forma como Kissinger desconsiderava suas representações relativas à questão.

Quem conhece bem a investigação do Chile, em que se adotou a política de "dois trilhos", segundo a qual supõe-se que o embaixador acreditado não esteja informado sobre a política real ou secreta, talvez se surpreenda. Mas isso não se aplica ao embaixador Hill, um diplomata da velha escola, cujos cabogramas, ao serem liberados, oferecem grande parte do material. Antes da viagem do almirante Guzzetti a Washington para se avistar com Kissinger em outubro de 1976, Hill havia se encontrado com ele e lhe dissera que "assassinar padres e abandonar 47 corpos na rua num único dia não seria aceito no contexto de uma luta rápida contra o terrorismo; pelo contrário, esses atos seriam provavelmente contraproducentes. O GEU (Governo dos Estados Unidos) esperava que o GDA (Governo da Argentina), efetivamente derrotasse os terroristas em prazo curto, mas, tanto quanto possível, sob o abrigo da lei".

Até mesmo essa censura, que se poderia julgar cheia de segundas intenções, foi considerada muito severa por Kissinger. De acordo com minuta posterior de Hill, Guzzetti seguiu para Washington "certo de que receberia advertências fortes, firmes e diretas sobre as práticas de seu governo relativas aos direitos humanos". Mas depois de encontrar Guzzetti em seu retorno a Buenos Aires, ele concluiu que:

> Pelo contrário, ele voltou com um espírito jubiloso, convencido de que não há realmente nenhum problema quanto a essa questão com o governo dos Estados Unidos. Baseado no que Guzzetti com certeza vai repetir para o GDA, este deve acreditar que, se tiver problemas com os Estados Unidos em relação à questão dos direitos humanos, eles estarão confinados a uns poucos elementos no Congresso e a alguns segmentos tendenciosos e/ou mal-informados da opinião pública. ... Ainda que exista essa convicção, seria irrealista e ineficaz a apresentação reiterada de representações desta embaixada ao GDA sobre violações dos direitos humanos.

Este fato tem implicações ainda mais graves do que se poderia pensar. Em outubro de 1976 o número de seqüestros e "desaparecimentos" oficialmente patrocinados ainda era baixo e poderia, como acreditava o embaixador Hill, ter se tornado ainda menor. Mas os documentos já liberados mostram que, na verdade, Kissinger aconselhou Guzzetti a aumentar o ritmo. Disse-lhe que "se o problema terrorista estiver controlado até dezembro, acredito que problemas graves poderão ser evitados nos Estados Unidos". Essas e outras garantias foram, segundo Hill – em uma frase que a partir daí se tornou obscenamente familiar –, a "luz verde" para intensificar a repressão. Quando Kissinger e Guzzetti se encontraram pela primeira vez, o número de "desaparecidos" era estimado em 1.022. Na época em que a Argentina se tornou sinônimo internacional de tortura, anti-semitismo, esquadrões da morte e do próprio conceito de "desaparecido", o número de 15 mil já havia sido registrado por órgãos confiáveis de monitoração, tanto internacionais quanto locais. Em 1978, quando a situação já era evidente, Kissinger, que então já havia deixado o cargo, aceitou um convite do general Videla para assistir à Copa do Mundo de Futebol. O ex-secretário de Estado valeu-se da oportunidade para repreender o governo Carter pela excessiva brandura com relação aos direitos humanos. O general Videla, com quem fiz uma terrível entrevista pela mesma época na Casa Rosada, em Buenos Aires, está hoje preso e condenado a prisão perpétua. Uma das acusações específicas de sua condenação foi a venda de filhos de prisioneiras políticas violentadas nos seus calabouços secretos. Enquanto

24 O JULGAMENTO DE KISSINGER

isso seu patrono e protetor desfruta de um outono patriarcal que ainda pode ser perturbado pela lembrança do que permitiu ou, melhor, incentivou.

Timor Leste

Em mais de uma ocasião, Kissinger negou absoluta e publicamente ter conhecimento da invasão do Timor Leste pela Indonésia, ter interesse no assunto ou mesmo idéia de sua importância. Que isso é uma mentira, ou talvez uma série de mentiras encadeadas, já era indicado por evidências obtidas de fontes independentes. Mas a prova conclusiva, o que se poderia chamar de "arma ainda quente", só foi conhecida em dezembro de 2001, quando se descobriu um novo documento. Liberado pelo Departamento de Estado e tornado público pelo Arquivo de Segurança Nacional, trata-se do registro oficial de uma conversa que aconteceu em Jacarta, capital da Indonésia, no dia 6 de dezembro de 1975. Estavam presentes Henry Kissinger, o presidente Gerald Ford e o ditador indonésio Suharto com um grupo de assessores militares.

Como havia acabado de receber uma mensagem de Washington informando-o de que a Junta de Governo da Indonésia estava planejando a invasão do Timor Leste, Kissinger certamente não se surpreendeu ao receber essa informação. Também não deve ter se assustado ao ouvir de Suharto que "esperamos sua compreensão se tivermos de adotar ações rápidas ou drásticas". O presidente Ford não tentou ocultar em ambigüidades a sua aprovação: "Entendemos e não faremos pressão quanto a essa questão", ele disse. "Entendemos o problema e as intenções dos senhores." Mais experiente e consciente dos problemas que poderiam advir de deixar sem controle ditadores extremistas, Kissinger usou a mesma linguagem que iria usar (como visto anteriormente) com o almirante Guzzetti, da Argentina. "O uso de armas de fabricação americana talvez traga problemas", ponderou, acrescentando, "dependendo da forma como isso será entendido; se como uma operação de legítima defesa ou como operação no estrangeiro". Isso era uma inverdade total, pois Kissinger sabia perfeitamente (ver capítulo Timor Leste) que o uso de armamento *fornecido* pelos Estados Unidos (ainda que não fabricado lá) seria uma violação tanto das leis internacionais quanto das americanas. Animando-se,

PREFÁCIO À SEGUNDA EDIÇÃO INGLESA   25

ele garantiu a Suharto: "Teremos condições de influenciar a reação nos Estados Unidos, desde que o que tiver de acontecer só aconteça depois de nossa volta. ... Se os senhores já têm planos, faremos o possível para manter todos calmos até a volta do presidente a Washington". Como sempre, ele se dispunha a agir como garoto de recados de um ditador, e a considerar apenas o Congresso como seu inimigo.

Ficou portanto acertado, numa das primeiras aplicações da pseudociência da "negação", que a agressão se ajustasse ao fato de que o "presidente estará em Washington às duas horas da tarde de segunda-feira, hora de Jacarta. Entendemos bem o problema dos senhores e a necessidade de ação rápida, mas estou dizendo apenas que seria melhor se tudo fosse feito depois de nossa volta". Com essas palavras, Kissinger se fez cúmplice, na letra e no espírito, da invasão do Timor pela Indonésia. Um ligeiro nervosismo o levou a perguntar a Suharto se ele esperava uma "longa guerra de guerrilha"; prova de que ele não acreditava nas afirmações de Suharto de que contava com o apoio do povo do Timor Leste. O ditador o tranqüilizou, afirmando que talvez houvesse "uma curta guerra de guerrilha", embora não se detivesse na questão de sua verdadeira duração. O imperativo da rapidez, tal como na Argentina, desencadeou efetivamente os métodos desumanos que haviam na realidade sido solicitados por Washington. Kissinger sugeriu que "seja feito rapidamente o que os senhores tiverem de fazer". Os efeitos funestos desta ordem são discutidos no capítulo Timor Leste.

O mesmo memorando mostra que a conversa então voltou para o tema da política do petróleo da Indonésia e à queixa de Suharto de que as companhias petrolíferas partilhavam mais generosamente a riqueza com seus parceiros no Oriente Médio do que com a Indonésia. Ao expressar simpatia por essa tentativa de conseguir um melhor negócio, Kissinger ainda encontrou tempo de avisar ao déspota que, independentemente do que fizesse, ele não deveria criar um clima "que desencorajasse os investimentos". Era um caso típico de tentativa de arrombar uma porta aberta; até o fim de seu regime, Suharto manteve um clima propício aos investimentos, pelo menos para um grupo de amigos, aos quais (ver capítulo Epílogo: a margem de lucro) Kissinger veio se agregar. De fato, o capitalismo indonésio "para os amigos" e seus praticantes acabou se tornando um elemento importante do escândalo dos financiamentos de campanha e da investigação do Congresso que o examinou durante o período Clinton. Kissinger chegou

26 O JULGAMENTO DE KISSINGER

mesmo a contratar o ex-chefe da casa civil da Casa Branca, Mack McLarty, para ser sócio da Kissinger Associates, e não seria exagerado imaginar que a conexão indonésia tenha tido um papel importante na concretização desse belo exemplo de bipartidismo.

O regime de Suharto entrou em colapso e implodiu nos anos de 2000 e 2001. O Timor Leste conquistou a independência e a Indonésia retirou todas as reivindicações sobre seu território. Suharto foi indiciado pelos tribunais indonésios e só evitou o veredicto final lançando mão da mesma alegação de incapacidade física e mental utilizada por Pinochet no Chile. Mais uma vez, entretanto, o sócio principal nos massacres e na corrupção conseguiu evitar a condenação.

Washington

Quando estava preparando a publicação da versão original deste livro, recebi uma mensagem de William Rogers. Rogers é membro de um importante escritório de advocacia, Arnold & Porter, e foi, durante o período de Kissinger como secretário de Estado, assistente do secretário de Assuntos Interamericanos. Era também um dos dentes da engrenagem da Kissinger Associates (sobre cujas atividades eu me estendo no capítulo Epílogo: a margem de lucro). Alguém tinha feito vazar para um jornal de Nova York a notícia da publicação deste livro e, no primeiro contato, o sr. Rogers foi muito caloroso. Queria oferecer seus préstimos. Disse-lhe que já havia enviado ao patrão dele um pedido de entrevista, e que havia mencionado os temas – Chile, Timor, Bangladesh e a questão Demetracopoulos – que gostaria de discutir com ele. O sr. Rogers manifestou espanto com o quarto tópico. "Quem é esse Demetranão sei o quê?", perguntou. "Nunca ouvimos falar dele." Então ele me pediu para enviar uma lista de todas as minhas perguntas, pois achava que poderia ajudar. Como sei reconhecer uma "expedição exploratória" a distância, decidi escrever novamente a Kissinger propondo-me a pagar por seu tempo: se ele desse à revista *Harper's* e a mim meia hora de declarações gravadas, nós lhe ofereceríamos os mesmos honorários pagos pelo programa *Nightline* da ABCNews. (Não cheguei a mencionar que, em troca desses honorários, queríamos fazer todas as perguntas que não haviam sido feitas por Ted Koppel.)

O sr. Rogers então deixou cair a máscara de polido interesse e me enviou um selvagem e-mail em que me dizia nunca ter ouvido falar

PREFÁCIO À SEGUNDA EDIÇÃO INGLESA 27

de proposta tão insultuosa. Como eu tinha a coragem, perguntou ele, de oferecer pagamento a uma fonte? Evidentemente, eu não era o tipo de pessoa com quem se pudesse conversar. Sua indignação o derrotou. Eu havia apenas feito uma referência irônica ao costume de Kissinger de cobrar valores altíssimos por suas entrevistas (além do que, eu jamais o consideraria uma "fonte"). Respondi a Rogers dizendo que ele talvez fosse o mesmo homem que estivera presente numa discussão entre Kissinger e Pinochet, ocorrida no dia 8 de junho de 1976 (ver capítulo Chile), na qual Pinochet fizera ameaças a um exilado chileno que vivia em Washington. Observei que o registro da reunião indicava que o sr. Rogers se mantivera em silêncio. Gostaria portanto de saber o que era, e o que não era, capaz de irritar a sua sensibilidade ao insulto. Hoje sabe-se que o sr. Rogers também colaborou na realização do encontro de Kissinger e Guzzetti em 1976, e mais tarde ajudou a dourar essa pílula. Sempre se encontram homens como esse entre nós.

O absurdo da presunção oficial de que Elias Demetracopoulos estava fora do conhecimento de Kissinger fica ainda mais claro por um memorando recentemente liberado, enviado por Kissinger a Nixon, em 22 de março de 1971. Sob o título: "SECRETO: A questão Demetracopoulos", começa informando ao presidente: "V. Exa. deve ter ouvido repercussões da confusão recente em torno do pedido de um 'jornalista' e líder grego da resistência, Elias Demetracopoulos, para voltar à Grécia e visitar o pai doente". (É interessante observar que Kissinger colocou aspas irônicas em jornalista, mas não fez alterações em líder da resistência.) A carta continua, informando:

> Dado que Demetracopoulos tem grande apoio no Congresso e tem em Rowland Evans (naquela época um importante colunista em Washington) seu porta-voz, imaginei que V. Exa. gostaria de saber que esse senhor desempenha de longa data um papel irritante nas relações entre a Grécia e os Estados Unidos. Entre suas intrigas – que incluem o fato de se apresentar a todos e em todo lugar como agente dos Estados Unidos –, ele provocou um número enorme de aborrecimentos e embaraços entre funcionários gregos e americanos. Por meio de várias empresas jornalísticas ele conseguiu acesso a círculos da imprensa e do governo. A CIA, os Departamentos de Estado e da Defesa, além da USIA, já alertaram repetidamente os funcionários com relação a Demetracopoulos...

Parece portanto ser possível afirmar com segurança que Kissinger levava Demetracopoulos suficientemente a sério a ponto de justificar um memorando mentiroso e paranóico endereçado à mesa do presidente. Isso reforça meus argumentos, no capítulo Um trabalho "sujo" em Washington?, de que Kissinger tentava apresentar esse crítico grego como pessoa perigosa e sinistra a ser enfrentada.

Outro documento secreto tornado público, a ata de reunião do Grupo de Análise do Secretário, ocorrida em 20 de março de 1974, demonstra mais uma vez como se manifestava a obsessão de Kissinger. Irritado pela possibilidade de retorno da Grécia aos quadros constitucionais, ele afirmou: "O que eu quero saber é: por que é do interesse americano fazer na Grécia o que aparentemente não estamos fazendo em lugar nenhum – exigir deles que se comprometam diante do presidente a passar a um governo representativo?".

Essa reunião aconteceu apenas alguns meses depois da derrubada do regime grego de extrema direita pelo psicopata que era o coronel Ioannides. Até mesmo Henry Tasca, embaixador em Atenas e amigo do regime, foi levado a responder:

> Porque, a meu ver, a Grécia e o povo grego – em termos de sua posição e da opinião pública na Europa – são absolutamente únicos. É possível retornar à Grécia Constitucional, ou ao *lobby* grego, se você preferir, e eles ainda terão uma posição na Europa Ocidental e nos Estados Unidos que países como Brasil ou Chile não têm. Nenhum deles tem um Demetracopoulos, um refugiado grego que ao longo dos últimos quatro anos vem liderando uma luta vigorosa contra nossa política grega.

Ao que Kissinger respondeu: "Isso quer dizer apenas que estamos permitindo que o grupo de Demetracopoulos faça política". Mas o que realmente o irritou foi até mesmo seus comandados considerarem difícil tratar a Grécia como mais uma república das bananas.

Foi uma reunião de alto nível. As atas registram a presença de pesos pesados do porte de Joseph Sisco, Helmut Sonnenfeld, Lawrence Eagleburger e Arthur Hartman. É evidente que as perigosas atividades de um único dissidente eram merecedoras da atenção oficial.

Observo mais uma vez que o governo grego, em nome do qual Kissinger se manifestava nessa reunião, era uma ditadura assassina e torturadora, com intenções agressivas em relação ao vizinho cipriota, e que seus líderes de então estão agora cumprindo pena de prisão perpétua. E mais uma vez observo que o sócio principal e patrono continua em liberdade e ainda mentindo sobre sua participação em tudo isso.

Conseqüências legais

Quando este livro estava sendo publicado, Kissinger lançava um volume dele próprio com o título pseudo-solene de *Does America Need a Foreign Policy?*, em que consta um capítulo ansioso sobre os perigos da nova doutrina legal da "jurisdição universal". Esse mesmo capítulo foi publicado separadamente na revista do *establishment*, a *Foreign Affairs.* Houve risos entre o público diante da mentira deslavada do texto: Kissinger escrevia como se estivesse tratando do assunto sem o menor interesse.

Entretanto, os acontecimentos dariam validação especial à preocupação confessa de Kissinger. Em maio de 2001, o juiz Rodolfo Corral, magistrado sênior na Argentina, convocou Kissinger a responder a respeito de seu conhecimento da Operação Condor (ver capítulo Chile). As investigações do juiz Corral, assim como tantas outras investigações semelhantes sobre direitos humanos na América do Sul, não poderiam avançar sem a revelação do que os Estados Unidos sabiam, e de quando vieram a sabê-lo, e Kissinger era a principal testemunha material em todas as ocasiões materiais.

Alguns dias depois, em 28 de maio de 2001, Kissinger foi visitado na sua suíte do Hotel Ritz em Paris pela divisão criminal da *gendarmerie* francesa. Eles lhe traziam uma convocação emitida pelo juiz Roger Le Loire para comparecer na manhã seguinte ao Palácio de Justiça e responder a perguntas relativas ao desaparecimento de cinco cidadãos franceses durante os primeiros dias do regime Pinochet. Kissinger poderia se considerar a salvo no hotel de propriedade de Mohamed al Fayed, mas decidiu tomar o caminho da prudência e saiu da França imediatamente. (A convocação continua válida caso ele resolva voltar. Gostaria também de me vangloriar de que a imprensa européia atribuiu essa convocação em parte à publicação, por aqueles dias, da tradução francesa deste livro.)

A partir de então, os tribunais chilenos – inclusive o juiz que está julgando o próprio Pinochet – escreveram diversas vezes a Kissinger pedindo sua colaboração no esclarecimento do caso de Charles Horman, um repórter americano assassinado durante o golpe de Pinochet, e, em geral, da questão dos crimes relacionados à Operação Condor. Isso significa que magistrados constituídos em três países democráticos estão pedindo – e tendo esses pedidos recusados – o seu testemunho sobre graves crimes contra a humanidade. Como foi previsto nas minhas páginas de Introdução, ele já não pode fazer planos de viagem sem antes consultar seus dispendiosos advogados.

Mais grave ainda é a ação na Corte Federal em Washington, DC, proposta no dia 10 de setembro de 2001 pelos membros sobreviventes da família do general René Schneider, do Chile (ver capítulos Chile e Lei e justiça). Nela, acusa-se Kissinger e outros da "execução sumária" do general; em outras palavras, de assassinato e terrorismo, ainda que numa ação civil. Para alguns a data de proposição da ação pode parecer de mau agouro, mas o horrível atentado perpetrado contra a sociedade civil americana no dia seguinte enfatizaria ainda mais a necessidade de um padrão único, e um dia de um único tribunal internacional, para o julgamento dos casos de assassinato promovido pelo Estado e de niilismo internacional.

No mesmo período o Arquivo de Segurança Nacional e outros intimaram Kissinger a devolver 50 mil páginas de documentos públicos, que ele havia retirado ilegalmente ao deixar o cargo (ver página 108), para permitir o exame desses documentos por intelectuais e historiadores (e vítimas). Empiricamente se pode garantir que Kissinger não iria tentar ocultar ou enterrar material que o mostrasse sob uma boa luz. Podemos, portanto, esperar que os anos vindouros tragam revelações assustadoras de crimes e mentiras oficiais cometidos por ele, como sucedeu no ano passado. E existe a justa oportunidade de que algumas das vítimas, por iniciativa própria, busquem por justiça nos tribunais americanos e de outros países. Entretanto, parece-me abominável e vergonhoso que os que já sofreram tanto sejam obrigados a se apresentar como voluntários para executar uma tarefa que deveria ser cumprida pelo Congresso e pelo Departamento de Justiça.

Deixei para o final uma nota pessoal. Eu tinha muita esperança de me envolver num litígio com Kissinger. Se ele tivesse me processado por causa do livro (o que o *Literary Review* de Londres considera ser sua obrigação – se é que ele dá valor à própria reputação), eu teria a chance de convocar testemunhas e intimar a apresentação de documentos que acelerariam o processo de desvendamento. Mas isso não aconteceu: o silêncio continuou sendo seu melhor conselheiro. Mas eu me vi na condição de ameaçá-lo de processo quando ele me acusou de anti-semitismo e de ter negado o Holocausto. Em termos rancorosos e deselegantes ele me ofereceu, por meio de seus advogados, uma rápida retratação. Noutras palavras, ele admitiu não ter base para acusação tão grave, mas arriscou blefar. Quem tiver curiosidade de conhecer esses fatos e de acompanhar a correspondência pode dirigir seus *browsers* ou programas de busca para o meu site: www.enteract.com/~peterk.

Christopher Hitchens
Washington, DC. *15 de fevereiro de 2002*

PREFÁCIO

Ao longo da leitura deste livro ficará claro, o que pode ser mencionado desde o início, que ele foi escrito por um opositor político de Henry Kissinger. Todavia, ainda me surpreendo com o volume de material hostil e vergonhoso que me senti compelido a omitir. Preocupei-me somente com as agressões kissingerianas que possam ou devam formar a base de um processo legal: crimes de guerra, crimes contra a humanidade e desrespeito às leis ordinárias, de comércio ou internacionais, incluindo conspiração em casos de assassinatos, seqüestros e tortura.

Assim, como opositor político, mencionei o recrutamento e a traição de Kissinger aos curdos iraquianos, que foram desonestamente encorajados por ele a lutar contra Saddam Hussein em 1974-75, para, em seguida, serem entregues ao extermínio nas encostas das colinas, quando Saddam fez um acordo diplomático com o xá do Irã, e que foram deliberadamente enganados e abandonados. A leitura das conclusões do relatório do congressista Otis Pike ainda é muito chocante e apresenta Kissinger como alguém indiferente à vida e aos direitos humanos. No entanto, elas se inserem na categoria da pervertida *realpolitik*[2], não aparentando ter violado nenhuma lei conhecida.

Da mesma forma, a orquestração de Kissinger na cobertura política, militar e diplomática do *apartheid* na África do Sul e a desestabilização de Angola, com suas aterrorizantes conseqüências, formam um quadro moralmente repulsivo. Mais uma vez, entretanto, estamos contemplando um período sórdido da Guerra Fria e da história imperialista, e um exer-

---

[2] Política realista. Política internacional que se baseia em considerações pragmáticas, em detrimento de opções ideológicas ou considerações sobre princípios. (N.E.)

34 O JULGAMENTO DE KISSINGER

cício de poder irresponsável, em vez de um episódio do crime organiza-do. Além disso, deve-se considerar a natureza institucional dessa políti-ca, que pode, em linhas gerais, ter sido seguida por qualquer administra-ção, conselheiro de segurança nacional ou secretário de Estado.

Pode-se ter as mesmas reservas quanto à direção de Kissinger no Comitê Presidencial da América Central, no início dos anos 1980, que contava com a presença de Oliver North, e que legitimou a atividade dos esquadrões da morte nessa região. Ou mesmo com relação à proteção política oferecida por Kissinger à dinastia dos Pahlavi no Irã e a seu aparato de tortura e repressão, quando estava no poder. A lista – é sombrio mencionar – poderia ser ainda muito mais extensa. Mas de nada adiantará culpar um único homem por décadas de cruel-dade e cinismo extremos. (Algumas situações se mostraram curiosas, como o pedido de Kissinger ao presidente Ford para que não rece-besse o inconveniente Alexander Solzhenitsyn, tendo sempre se apre-sentado como um ousado e ferrenho anticomunista.)

Bem, eu me restringi aos crimes identificáveis, que podem e de-vem ser incluídos em uma peça de acusação, mesmo que as medidas em questão tenham sido tomadas de acordo com uma política geral. Esses crimes incluem:

1. Genocídio deliberado de civis na Indochina.
2. Conluio deliberado no genocídio e em posteriores assassina-tos em Bangladesh.
3. Suborno e planejamento de assassinato de um oficial gradua-do numa nação democrática – o Chile – com a qual os Estados Unidos não estavam em guerra.
4. Envolvimento pessoal em plano para assassinar o chefe de Estado numa nação democrática – Chipre.
5. Promoção e facilitação de genocídio no Timor Leste.
6. Envolvimento pessoal em um plano para seqüestrar e assassi-nar um jornalista residente em Washington.

As acusações acima descritas não se esgotaram. E algumas delas só poderão ser obtidas *prima facie*[3], uma vez que o senhor Kissinger – o

---

[3] Conclusão baseada em certos fatos. Dispositivo utilizado com freqüência por legistas, no qual se considera que, se um certo número de fatos for provado, então outro fato é considerado com base na primeira impressão.

que também pode ser considerado uma obstrução premeditada e deliberada da justiça – provocou grandes lacunas na obtenção de provas, que foram ocultadas ou destruídas.

Entretanto, adentramos uma era em que a defesa da "imunidade soberana" por crimes de guerra tem sido considerada nula. Como demonstrarei a seguir, Kissinger compreendeu essa mudança decisiva, ainda que muitos de seus críticos não o tenham feito. O veredicto de Pinochet em Londres, o esplêndido desempenho da magistratura espanhola e os veredictos do Tribunal Internacional em Haia destruíram o escudo que imunizava crimes cometidos sob a justificativa de razões de Estado. Portanto, não existe mais nenhum motivo para que não seja expedido um mandado para o julgamento de Kissinger em qualquer uma das jurisdições. E também não há mais razão pela qual ele não seja obrigado a responder. De fato, neste exato momento, existe uma série de jurisdições em que a lei, enfim, começa a ser aplicada. De qualquer maneira, temos diante de nós o precedente de Nuremberg, ao qual os Estados Unidos comprometeram-se solenemente a aderir.

Não processar Kissinger será uma ofensa dupla ou tripla à justiça. Primeiro, por violar um princípio básico – e agora incontestável – de que nem mesmo os mais poderosos estão acima da lei. Segundo, porque parecerá que perseguições por crimes de guerra e crimes contra a humanidade estão reservadas apenas aos perdedores, ou a pequenos déspotas em países relativamente negligenciáveis. E tudo isso conduziria à torpe politização do que poderia ter sido um processo nobre e à suspeita justificável de que existem dois pesos e duas medidas.

Muitos, se não a maioria dos parceiros de crime de Kissinger, já foram presos ou aguardam julgamento, ou foram punidos ou desacreditados. Sua própria impunidade solitária soa indecente; e exala a distância. Se permitirmos que isso persista, evocaremos vergonhosamente o antigo filósofo Anacharsis, que dizia que as leis são como teias de aranha: fortes o suficiente para deter somente o fraco, e fracas demasiado para conter o forte. Em nome das incontáveis vítimas, conhecidas e desconhecidas, é tempo de fazer justiça.

INTRODUÇÃO

Em 2 de dezembro de 1998, o senhor Michael Korda estava dando uma entrevista filmada, no seu escritório na Simon e Schuster. Um dos magnatas do mercado editorial nova-iorquino, ele havia editado e "produzido" o trabalho de autores como Tennessee Williams, Richard Nixon, Joan Crawford e Jo Bonanno. Nesse dia, ele falava sobre a vida e os pensamentos de Cher, cujo retrato adornava a parede atrás de si. Então o telefone tocou. Era um recado para ligar para o Doutor Kissinger, o mais breve possível. Um homem experiente e versátil como o senhor Korda sabe quais são as exigências para publicar nesses dias vertiginosos; sabe como passar em um minuto de Cher para o alto escalão do poder. A câmera continuou a rodar e registrou a seguinte cena.

Pedindo a sua secretária para discar o número (759 7919 – o número do telefone da Kissinger Associates), o senhor Korda ironiza dizendo que o número deveria ser "1-800-CAMBOJA... 1-800-BOMBA-CAMBOJA", provocando risos no escritório. Depois de uma longa espera (nenhum editor tarimbado gosta de esperar quando em presença de alguém, especialmente da mídia):

> Henry, olá, como vai?... Você está conseguindo toda a publicidade que queria no *New York Times*. Não exatamente o *tipo* de publicidade que gostaria, mas... Eu duvido que a administração diga sim, simplesmente; que irão liberar esses documentos... não... de forma nenhuma! Não... não... bem, humm... acho que sim. Mas nós o fizemos até recentemente, e ele de fato conseguiu... Não creio que haja dúvidas a respeito disso, tão desagradável quanto possa ser... Henry, isso é um absurdo... sim... E também a jurisdição. Trata-se de um juiz espanhol apelando para uma corte inglesa, sobre um chefe de Estado chileno. Então é... E também a Espanha não tem nenhuma jurisdição racional sobre os acontecimentos no Chile de qualquer maneira; portanto, acho que

38 O julgamento de Kissinger

isso não faz sentido... Bem, talvez seja verdade... Se quiser. Eu acho que isso seria sem dúvida o melhor a fazer... Certo, sim, não, eu acho que é exatamente o que você deveria fazer, e também acho que deveria ser longo e finalizar com a carta do seu pai. Eu acho que é um documento muito importante... Sim, a carta é maravilhosa, e central para todo o livro. Será que eu poderia ler o capítulo sobre o Líbano no final de semana?

Nesse momento, a conversa termina, com algumas observações jocosas do senhor Korda sobre sua colonoscopia: "um procedimento totalmente repulsivo".

Por meio da mesma minúscula câmera interna, ou seu equivalente retórico, foi possível deduzir muito dessa breve conversa sobre o mundo de Henry Kissinger. A primeira e mais importante dedução: sentado em seu escritório na Kissinger Associates, com seus negócios tentaculares estendendo-se de Belgrado a Pequim, além de várias outras diretorias e presidências, ele ainda estremece ao ouvir falar da prisão de um ditador. Embora a conversa ao telefone com o senhor Korda tenha sido truncada, pode-se perceber claramente a palavra "jurisdição". O que o *New York Times* havia publicado naquela manhã? Em 2 de dezembro de 1998, a primeira página trazia uma reportagem de Tim Weiner, correspondente em Washington de documentos de segurança nacional. Com a manchete: "Estados Unidos liberarão arquivos secretos sobre crimes de Pinochet", ele escreveu o seguinte:

> Começando a trilhar um caminho de confrontação política e diplomática que havia tentado evitar, os Estados Unidos decidiram hoje liberar alguns documentos secretos sobre as mortes e as torturas cometidas durante a ditadura de Augusto Pinochet no Chile... A decisão de liberar tais documentos é o primeiro sinal de que os Estados Unidos cooperarão no caso contra o general Pinochet. Assessores administrativos do presidente Clinton disseram que acreditam que os benefícios causados por essa abertura nos assuntos de direitos humanos suplantaram os riscos à segurança nacional nesse caso.
>
> Mas a decisão poderia abrir uma "lata de vermes", nas palavras do ex-assessor da CIA (Agência Central de Inteligência) baseado no Chile, ao expor o grau de conhecimento que os Estados Unidos tinham sobre os crimes atribuídos ao governo Pinochet...
>
> Enquanto assessores de governos europeus apoiaram a decisão de levar o ex-ditador a julgamento, os assessores norte-americanos permaneceram calados, demonstrando ceticismo em relação ao poder da corte espanhola, dúvidas sobre tribunais internacionais que almejavam ex-governantes estrangeiros *e preocupações sobre as implicações para os líderes norte-americanos que poderão algum dia também ser acusados em algum país estrangeiro* [destaque do autor].

O presidente Richard M. Nixon e Henry A. Kissinger, que ocupou o cargo de conselheiro de segurança nacional e secretário de Estado, apoiaram o golpe de direita no Chile no início da década de 1970, como demonstram documentos secretos liberados anteriormente.

Mas muitas das ações dos Estados Unidos durante o golpe de 1973, e muito do que líderes norte-americanos e o serviço de inteligência fizeram em conjunto com o governo Pinochet depois que ele tomou o poder, permanece como segredo de segurança nacional. Os arquivos secretos do regime Pinochet são mantidos pela CIA, pelo departamento de Estado, pelo Pentágono, pelo CSN (Conselho de Segurança Nacional), pelos arquivos nacionais, pelas bibliotecas presidenciais de Gerald R. Ford e Jimmy Carter e outras agências governamentais.

De acordo com os registros do Departamento de Justiça, esses arquivos contêm a história das violações aos direitos humanos e do terrorismo internacional:

• Em 1975, representantes do Departamento de Estado no Chile protestaram contra o número de mortes e torturas, registrando seu desacordo com a política externa norte-americana, encaminhando seus protestos aos seus superiores em Washington.

• A CIA tem arquivos sobre os assassinatos cometidos pelo regime e pela polícia chilenos. Também registrou as tentativas do Chile de fundar um esquadrão da morte internacional de direita.

• A biblioteca Ford contém muitos dos arquivos secretos do senhor Kissinger no Chile, que nunca vieram a público. Por meio de um secretário, o senhor Kissinger declinou um pedido de entrevista hoje.

Devemos, então, dar o crédito a Kissinger por ter compreendido o que muitos ainda não tinham conseguido: se o precedente no caso Pinochet fosse aberto, ele próprio estaria em perigo. Os Estados Unidos acreditam que, sozinhos, possam perseguir e indiciar criminosos de guerra e "terroristas internacionais". Mas nada ainda na sua cultura política ou jornalística permite perceber que pode estar abrigando e protegendo um dos maiores criminosos. Embora isso possa ser deduzido da história do senhor Weiner, e sem dúvida Kissinger estava preocupado quando ligou naquele dia para o seu editor a fim de discutir sobre seu livro de memórias. (Publicado com o título insuportavelmente enfadonho e pretensioso de *Years of Renewal*[4]).

"Abrigar e proteger" é dizer pouco sobre a incongruência da condição de Kissinger. Sua consultoria é solicitada a US$ 25 mil por palestra, para platéias de empresários, acadêmicos e políticos. Sua bombástica coluna de jornal é distribuída pelo *Los Angeles Times*. O primeiro

---

[4] *Anos de renovação*. Tradução de Joubert de Oliveira Brízida. Rio de Janeiro, Topbooks, 2001.

40 O JULGAMENTO DE KISSINGER

volume de suas memórias foi parcialmente escrito e editado por Harold Evans, que, juntamente com Tina Brown, está entre os muitos anfitriões e anfitriãs que solicitam a presença de Kissinger, ou talvez devêssemos dizer sociedade, para famosas noitadas em Nova York. Em outros tempos, ele prestou serviços de consultoria para a ABC News e a CBS. O melhor de sua diplomacia foi, de fato, conduzido com a mídia (e seu maior prêmio foi fazer com que todos o chamassem de "Doutor"). Bajulado por Ted Koppel, procurado por corporações e autocratas com problemas de "imagem" ou "dificuldades de comunicação", e recebendo atenção respeitosa dos candidatos à presidência e daqueles cuja tarefa é "formatar" sua visão global, este homem não tem mais o que desejar neste universo patético que a indústria da "auto-estima" criou. De quem mais poderia Norman Podhoretz escrever, de joelhos, a apologia a *Years of Upheaval* (Anos de levante).

> O que temos aqui é uma redação da melhor qualidade. Trata-se de um texto que evolui com fluidez nas análises descritivas e abstratas; que pode dar forma a uma narrativa tão habilmente quanto pode formar um quadro; que pode propiciar uma compreensão maravilhosa enquanto se desenrola num ritmo agradável e expansivo. É um tipo de texto que pode alternar, sem esforço ou falsidade, entre a seriedade peculiar a um livro sobre eventos históricos e o humor e a ironia provenientes de um infalível senso da dimensão humana.

Um crítico assim tão bajulador, como observou causticamente um de meus tutores morais, nunca estará sozinho à mesa. E tampouco necessitará de um tema. Exceto se, vez ou outra, o agraciado (e doador) de tal adulação sentir um tremor de ansiedade. Ele deixará a mesa bem-servida e correrá para o banheiro. Talvez seja alguma outra revelação de alguma gravação liberada de Nixon? Notícias desviadas da Indonésia, pressagiando a queda ou a prisão de algum ditador (e, talvez, a liberação de um ou dois documentos indesejados)? A prisão ou o indiciamento de um torturador ou de um assassino, a liberação de algum segredo de um arquivo obscuro de um país distante – qualquer coisa do gênero – pode estragar o seu dia. Como se constata da gravação de Korda, Kissinger não pode abrir tranqüilamente o jornal pela manhã, pois ele sabe o que outros apenas suspeitam, ou imaginam. Ele sabe. E está aprisionado por esse conhecimento, assim como nós, de alguma forma, também estamos.

Observe a desenvoltura do senhor Korda ao fazer sua piadinha sobre o Camboja. Todos "sabem", afinal, que Kissinger infligiu terror, miséria e genocídio a esse país, e, ao mesmo tempo, desrespeitou profundamente a Constituição dos Estados Unidos. (Todos também "sabem" que outras nações afetadas só poderão fazer suas acusações contra o mesmo melancólico e odioso tratamento se a democracia norte-americana estiver sofrendo danos colaterais concomitantemente.) Ainda assim, o homem rechonchudo que posou em *black tie* numa festa da *Vogue* não é, com certeza, o homem que ordenou e sancionou a destruição de populações civis, o assassinato de políticos inconvenientes, o rapto ou o desaparecimento de oficiais, jornalistas e clérigos que atrapalhavam seu caminho? Claro que é ele. Ambos são exatamente o mesmo homem. Kissinger não é convidado e adulado por conta de seus modos excêntricos ou seu humor mordaz (seus modos, aliás, são de certa forma um tanto grosseiros, e seu humor se compõe de um misto de tiradas de segunda mão). Não, ele é procurado porque sua presença causa um *frisson*: um toque autêntico do poder nu e cru. A piada do senhor Korda, no fundo, causa um certo desconforto, por conta do sofrimento indescritível causado na Indochina. Como pude observar, muito freqüentemente ouvem-se risos nervosos na última fileira nos discursos de Kissinger. Ele gosta de provocar esse tipo de riso desconfortável. Para ser exato, ele não demonstra o caráter "afrodisíaco" do poder (uma de suas expressões plagiadas), mas sim o seu caráter pornográfico.

ABRE-SE A CORTINA: O SEGREDO DE 1968

Existe um segredo entre os políticos de Washington, conhecido por todos, que é terrível demais para ser comentado. Embora seja amplamente conhecido por historiadores, acadêmicos, repórteres especiais, antigos membros do gabinete e ex-diplomatas, esse segredo nunca foi revelado integralmente em um só lugar. A razão disso, à primeira vista, é paradoxal. O segredo revelado está em poder dos dois maiores partidos políticos existentes e compromete diretamente antigas estruturas governamentais e três ex-presidências. Não interessa a nenhuma facção em particular, portanto, a completa revelação desse segredo. A verdade é, dessa maneira, a garantia de sua obscuridade. Permanece como *The Purloined Letter* (A carta roubada)[5] de Poe: a eterna sombra do bipartidarismo.

Eis o segredo, em poucas palavras. No outono de 1968, Richard Nixon e alguns de seus emissários e subordinados foram enviados para sabotar as negociações de paz no Vietnã, em Paris. Os meios escolhidos foram simples: asseguraram aos dirigentes militares vietnamitas que um futuro regime republicano lhes ofereceria mais vantagens do que um democrático. Boicotaram, dessa forma, as próprias negociações e a estratégia eleitoral do vice-presidente Hubert Humphrey. A estratégia "funcionou". A junta sul-vietnamita não participou das conversações na véspera da eleição, inviabilizando dessa forma "a plataforma da paz" que os democratas haviam contestado. Mas, por outro lado, não "funcionou", já que quatro anos mais tarde a·administração Nixon encerrou a guerra nos mesmos termos que haviam sido oferecidos em Paris. A razão para o silêncio de morte

---

[5] *A carta roubada e os assassinatos da Rua Morgue*. Trad. de Isa Mara Lando. Rio de Janeiro, Imago, 1999. (N.E.)

44 O JULGAMENTO DE KISSINGER

que ainda cerca o assunto é que, nesses quatro anos intermediários, cerca de 20 mil norte-americanos e um número incalculável de vietnamitas, cambojanos e laosianos perderam a vida. O impacto desses quatro anos sobre a Indochina[6] e sobre a democracia americana é incalculável. O maior beneficiado dessa ação secreta e dos massacres que se seguiram foi Henry Kissinger.

Eu já posso ouvir os guardiães do consenso tentando classificar isso como uma "teoria de conspiração". Aceito o desafio, com prazer. Primeiro, comecemos com o diário da Casa Branca desse renomado conspirador (e teórico da conspiração) H. R. Haldeman, publicado em maio de 1994. Decidi começar com isso por duas razões. Primeiro, porque, segundo a inferência lógica da "evidência contra o interesse"[7], é improvável que o senhor Haldeman fornecesse evidência do conhecimento de um crime a menos que estivesse (postumamente) dizendo a verdade. Segundo, porque é possível rastrear cada uma de suas entradas nos originais por meio de outras fontes documentadas.

Em janeiro de 1973, a administração Nixon-Kissinger, à qual o senhor Haldeman dedicava todo o seu tempo, estava seriamente envolvida em duas frentes. Em Paris, Henry Kissinger tentava negociar "uma paz honrosa" no Vietnã. Em Washington, as inúmeras evidências contra os violadores do Watergate e os grampos telefônicos começavam a crescer. Em janeiro de 1973, Haldeman anotou:

> John Dean é chamado para depor nos tribunais de Watergate. Diz que se pudermos mostrar de alguma maneira, com provas incontestáveis, que nosso plano de campanha foi "grampeado" em 1968, ele acha que poderíamos utilizar isso como base para dizer que vamos forçar o Congresso a retroceder, e investigar 1968 assim como 1972, e dessa forma, desviar a atenção deles.

Três dias depois, em 11 de janeiro de 1973, Haldeman ouve o seguinte de Nixon (O "P", como o *Diário* lhe chama):

> Sobre a questão do Watergate, ele queria que eu falasse com o [procurador geral da República John] Mitchell para que este descobrisse por meio do [Deke] De Loach [do FBI] se o sujeito que nos "grampeou" em 1968 ainda está

---

[6] Após a unificação do Vietnã do Norte e do Sul, em 1976, o nome foi alterado para República Socialista do Vietnã.

[7] Termo jurídico no qual a afirmação feita pelo declarante na ocasião era julgada pelo próprio como contrária aos seus interesses, e que o declarante não a faria a menos que acreditasse ser verdadeira.

ABRE-SE A CORTINA: O SEGREDO DE 1968 **45**

no FBI. Então o [diretor de ações Patrick] Gray deveria passá-lo por um detector de mentiras e resolver a questão. Isso nos forneceria a prova de que necessitamos. Ele também acha que eu deveria agir em conjunto com George Christian [ex-secretário de imprensa do presidente Johnson, que trabalhava então com os democratas para Nixon], fazer com que LBJ[8] use sua influência para desativar a investigação do Capitólio com Califano, Hubert etc. Mais tarde ele decidiu que isso não seria uma boa idéia, e me disse para não fazer nada. Felizmente, eu ainda não havia feito nada.

No mesmo dia, Haldeman diz que Henry Kissinger ligou, entusiasmado, da capital francesa, dizendo que "ele assinará em Paris em vez de Hanói, que era o principal". Ele também fala de conseguir com que o presidente do Vietnã do Sul, Thieu, fizesse o mesmo. No dia seguinte:

Hoje o "P" também retomou o assunto Watergate, reforçando que eu deveria falar com Connally sobre o processo do grampo de Johnson para saber sua opinião sobre como lidar com a questão. Ele acha que talvez devêssemos apenas deixar Andreas entrar e assustar Hubert. O problema de atacar o LBJ é não sabermos como ele reagiria. Precisamos descobrir por meio do De Loach quem fez a coisa, e então passar essa pessoa pelo detector de mentiras. Eu falei ao telefone com o Mitchell sobre esse assunto, e ele disse que De Loach havia afirmado estar ciente do assunto, pois havia recebido um telefonema do Texas. Um repórter do jornal *Star* estava fazendo uma investigação na semana passada, e LBJ se irritou muito. Ligou para o Deke [De Loach] e afirmou que "se o pessoal do Nixon fosse jogar com isso" ele liberaria [material secreto – de segurança nacional], dizendo que nosso lado estava pedindo para que certas coisas fossem feitas. Por *nosso lado*, eu acho que ele subentendia a organização da campanha de Nixon. De Loach recebeu isso como uma ameaça direta de Johnson... Segundo o que se lembra, o grampo era solicitado em aviões, mas desistiram; e tudo o que faziam era checar as ligações telefônicas, e calar a boca do Dragão [a senhora Anna Chennault].

Talvez essa conversa burocrática seja de difícil leitura, mas é auto-explicativa. Sob intensa pressão por conta do grampo no prédio do Watergate, Nixon instruiu seu chefe de departamento, Haldeman, e seu contato no FBI, Deke De Loach, para revelar o grampo ao qual sua própria campanha havia estado sujeita em 1968. Ele também sondou o ex-presidente Johnson, por meio de antigos democratas, como o governador John Connally, para avaliar qual seria sua reação diante dessa revelação. O objetivo era mostrar que "todo o mundo faz isso".

---

8   LBJ: Lyndon Baynes Johnson, ex-presidente dos Estados Unidos, na gestão anterior à primeira administração de Nixon, entre 1963 e 1969.

(Outro paradoxo bipartidário: em Washington, a expressão "todo o mundo faz isso" é utilizada como um argumento de defesa e não, como se esperaria, de acusação.)

Entretanto, imediatamente um problema se apresentou. Como revelar o grampo de 1968, sem, ao mesmo tempo, revelar seu conteúdo? Daí a conclusão: "não seria uma boa idéia...". Na sua excelente introdução a *The Haldeman Diaries* (Diário de Haldeman), o professor Stephen Ambrose, biógrafo de Nixon, caracteriza a abordagem de 1973 a Lyndon Johnson como um "suborno prospectivo", com a intenção de exercer pressão de bastidores e encerrar uma investigação do Congresso. Mas ele também sugere que Johnson, ele mesmo dificilmente manipulável, detivesse alguma forma de suborno. De acordo com o professor Ambrose, o *Diário* de Haldeman foi vetado pelo Conselho Nacional de Segurança (CNS), e o trecho citado anteriormente é "o único trecho do livro em que aparece um exemplo de anulação pelo CNS durante a administração Carter. Oito dias mais tarde, Nixon começava o seu segundo mandato. Dez dias mais tarde, Johnson morria de um ataque cardíaco. O que Johnson sabia sobre Nixon, provavelmente nunca saberemos".

A conclusão do professor é sem sombra de dúvida muito tentadora. Existe um princípio bem claro conhecido como "Destruição mútua assegurada", em que ambos os lados possuem material suficiente para aniquilar o outro. A resposta à questão sobre o que a administração Johnson "sabia" sobre Nixon é relativamente fácil; ela foi dada no livro *Counsel to the President* (Conselhos ao presidente), publicado em 1991. O autor é Clark Clifford, a quintessência, *top* de linha, do coração de Washington, que foi assessorado por Richard Holbrooke, ex-secretário assistente de Estado e embaixador das Nações Unidas, para escrever o livro. Em 1968, Clark Clifford era secretário de Defesa, e Richard Holbrooke, um dos membros da equipe norte-americana que negociava as conversações de paz no Vietnã, em Paris.

Devido à sua posição no Pentágono, Clifford teve acesso às cópias de material da inteligência, que ele registrou e chamou de "canal pessoal secreto" entre o presidente Thieu, em Saigon, e a campanha de Nixon. O principal interlocutor na ponta norte-americana era John Mitchell, então coordenador da campanha de Nixon e, mais tarde, procurador-geral (e, posteriormente, prisioneiro número 24171-157 no sistema penitenciário do Alabama). Ele era ativamente assessorado por madame Anna Chennault. Conhecida como O Dragão, ela era uma feroz veterana do *lobby* de Taiwan e criadora de intrigas da direita para todos os propósitos. Chennault era uma força política e social na Washington dos seus dias, e valeria uma biografia própria.

Clifford descreve uma reunião particular na qual ele, o presidente Johnson, o secretário de Estado Dean Rusk e o conselheiro de segurança nacional Walt Rostow, estavam presentes. Perspicazmente, excluíram o vice-presidente Humphrey do círculo. Mas, espertos como eram, ficaram apavorados com as provas da traição de Nixon. Apesar disso, decidiram não fazer vir a público o que sabiam. Clifford menciona que a revelação arruinaria por completo as conversações de Paris. Ele poderia ter acrescentado que isso teria gerado uma crise de confiança pública nas instituições norte-americanas. Existem algumas coisas que os eleitores não podem saber. E, mesmo que o grampo tivesse sido legal, não teria parecido um jogo limpo. (O Ato Logan proíbe qualquer norte-americano de conduzir uma relação diplomática particular com um poder estrangeiro; mas não é rigorosa ou consistentemente aplicado.)

De qualquer forma, nesse caso, Thieu desistiu das negociações, arruinando-as apenas dois dias antes das eleições. Clifford não tem dúvida das orientações que ele recebeu a esse respeito:

> As atividades da equipe de Nixon foram muito além dos limites do combate político justificável. Eram uma interferência direta nas atividades do poder executivo e nas responsabilidades do executivo chefe: as únicas pessoas com autoridade para negociar pela nação. As atividades da campanha de Nixon representaram uma grande interferência ilegal nos negócios de segurança da nação por pessoas particulares.

Talvez ciente da fragilidade de seu discurso de advogado, e quem sabe um pouco intimidado por ter mantido um segredo para suas memórias em vez de dividi-lo com o eleitorado, Clifford acrescenta em uma nota de rodapé:

> Devemos lembrar que o público era consideravelmente mais inocente nessas questões nos dias que antecederam as audiências do Watergate e a investigação da CIA pelo Senado em 1975.

Talvez o público fosse, de fato, mais inocente, apenas em função da reticência de advogados ligados ao poder, como Clifford, que julgavam algumas coisas profanas demais para serem reveladas. Ele afir-

48 O JULGAMENTO DE KISSINGER

ma agora que era a favor de confrontar Nixon, em particular, com a informação e forçá-lo a renunciar, ou a torná-la pública. Talvez esse fosse, de fato, seu ponto de vista.

Uma fase mais criteriosa de reportagem investigativa trouxe várias atualizações sobre esse espantoso episódio, assim como também as próprias memórias de Nixon. Era necessário mais do que um "canal retroativo" para a desestabilização republicana das conversações de paz em Paris. Como já vimos, havia, provavelmente, uma troca de comunicações secretas entre Nixon e os sul-vietnamitas. E também, com certeza, devia existir um informante dentro do campo administrativo designado – uma fonte de "dicas" e alertas antecipados sobre as intenções oficiais. Esse informante era Henry Kissinger. O próprio Nixon em suas memórias, *RN: The Memoirs of Richard Nixon* (RN: As memórias de Richard Nixon), conta que, em meados de setembro de 1968, recebeu uma mensagem secreta sobre um "cessar-fogo" planejado. Em outras palavras, a administração Johnson consideraria, pelo bem das negociações, suspender o bombardeio aéreo ao Vietnã do Norte. Esta inteligência avançada, extremamente útil, continua Nixon, veio "por meio de um canal altamente incomum". Na verdade, era mais incomum do que ele imaginava. Kissinger havia, até então, sido um partidário devotado de Nelson Rockefeller, o singular príncipe milionário do republicanismo liberal. Seu desprezo pela pessoa e pelas políticas de Richard Nixon era indisfarçável. De fato, os negociadores do presidente Johnson em Paris, liderados por Averell Harriman, consideravam Kissinger como se fosse um deles. Ele havia se tornado útil, como conselheiro de política externa de Rockefeller, fornecendo intermediários franceses que dispunham de contatos próprios em Hanói. "Henry era a única pessoa fora do governo com quem estávamos autorizados a discutir as negociações", disse Richard Holbrooke. "Nós confiávamos nele. Não é faltar com a verdade dizer que a campanha de Nixon tinha uma fonte secreta dentro da equipe de negociação norte-americana."

Portanto, a possibilidade de um cessar-fogo, escreveu Nixon, "não me surpreendeu". E acrescenta: "Eu disse a Haldeman que Mitchell deveria continuar secretamente com Kissinger, e que nós deveríamos honrar seu desejo de manter seu papel completamente confidencial". É impossível que Nixon não tivesse consciência do papel paralelo do seu administrador de campanha, conspirando com um poder estrangeiro. Dessa forma, começou o que era na prática uma operação de cobertura doméstica, com o objetivo de impedir as negociações e, ao mesmo tempo, prejudicar a campanha de Hubert Humphrey[9].

Posteriormente, no mesmo mês, em 26 de setembro para ser exato, e como registrado por Nixon em suas memórias, "Kissinger ligou novamente. Ele disse que havia acabado de voltar de Paris, onde tinha ouvido dizer que alguma coisa grande estava em andamento com relação ao Vietnã. Ele aconselhou que, se eu tivesse algo a dizer sobre o Vietnã durante a semana seguinte, deveria evitar quaisquer novas idéias ou propostas". No mesmo dia, Nixon desistiu de um desafio de Humphrey para um debate direto. Em 12 de outubro, Kissinger entrou em contato novamente, sugerindo que um cessar-fogo deveria ser anunciado a partir de 23 de outubro. *E assim poderia ter acontecido* [destaque do autor]. Exceto se, por alguma razão, toda vez que o lado norte-vietnamita aproximava-se de um acordo, o lado sul-vietnamita aumentava suas exigências. Sabemos agora por que, como aconteceu e como ambas as estratégias foram trabalhadas ao mesmo tempo. Desde julho, Nixon havia se encontrado secretamente em Nova York com o embaixador sul-vietnamita, Bui Diem. O contato havia sido articulado por Anna Chennault. Grampos telefônicos dos escritórios sul-vietnamitas em Washington e a vigilância do Dragão mostraram como a engrenagem funcionava. Um telegrama interceptado de Diem ao presidente Thieu, no fatídico 23 de outubro, dizia o seguinte: "Muitos amigos republicanos entraram em contato e nos encorajaram a permanecer firmes. Eles estavam alarmados pelos relatos da imprensa dizendo que você havia amenizado sua posição". As instruções de envio do telegrama foram para um certo Cartha De Loach, conhecido como Deke pelos seus sócios, que era o contato de J. Edgar Hoover com a Casa Branca. Nós já o conhecemos, se você se lembra, do *Diário* de H. R. Haldeman.

Em 1999, o escritor Anthony Summers conseguiu finalmente ter acesso aos arquivos secretos do FBI sobre as interceptações da campanha de Nixon, revelados em seu livro lançado em 2000, *The Arrogance of Power: The Secret World of Richard Nixon* (A arrogância do poder: o mundo secreto de Richard Nixon). Ele também conseguiu entrevistar Anna Chennault. Essas duas fontes lhe forneceram,

---

9   Hubert Humphrey disputou as eleições primárias com Nixon pelo partido republicano, em 1968, e perdeu.

50 O JULGAMENTO DE KISSINGER

como se diz usualmente, "bala na agulha" para destrinchar a conspiração de 1968. No final de outubro desse ano, John Mitchell estava tão irritado com a vigilância oficial que parou de receber telefonemas de Chennault. O presidente Johnson, em uma ligação telefônica compartilhada com os três candidatos, Nixon, Humphrey e Wallace (sob a alegação de alertá-los sobre o cessar-fogo), deu a entender que sabia a respeito dos esforços velados para prejudicar suas negociações diplomáticas no Vietnã. Essa ligação quase gerou pânico no círculo mais íntimo de Nixon e fez com que Mitchell telefonasse a Chennault no Sheraton Park Hotel. Ele então lhe pediu que retornasse as chamadas através de uma linha mais segura. "Anna", ele lhe disse, "estou falando da parte do senhor Nixon. É muito importante que nossos amigos vietnamitas entendam a posição republicana, e eu espero que você tenha deixado isso claro para eles... Você acha que eles realmente decidiram não ir a Paris?"

A reprodução do documento original do FBI mostra o que aconteceu a seguir. Em 2 de novembro de 1968, o agente relatou o seguinte:

> A senhora Anna Chennault entrou em contato com o embaixador Bui Diem, avisando-o que havia recebido um recado do seu chefe (não identificado), e que ele pedia que ela transmitisse pessoalmente ao embaixador. Ela disse que o recado para o embaixador era o seguinte: "Mantenha-se firme, nós vamos vencer", e que seu chefe também havia dito: "Mantenha-se firme, ele está sabendo de tudo". Ela repetiu que esse era o único recado. "Ele disse: por favor, diga a seu chefe para manter-se firme." Ela avisou que o chefe havia acabado de ligar do Novo México.

O vice de Nixon, Spiro Anew, havia estado em campanha em Albuquerque, Novo México, naquele dia. Foi revelado posteriormente que outro membro de sua equipe (o principal responsável pelo Vietnã), havia de fato estado em contato com Chennault.

A beleza de ter Kissinger revelando informações de um lado, e Anna Chennault e John Mitchell conduzindo uma política externa particular para Nixon do outro, era essa. Permitia que ele não se visse obrigado a se posicionar sobre o cessar-fogo. E permitiu mais tarde sugerir que eram os democratas que estavam fazendo política sobre o assunto. Em 25 de outubro, em Nova York, Nixon usou sua tática, testada e aprovada, de circular uma insinuação, ao mesmo tempo que dizia em linhas gerais não defender essa mesma idéia. Sobre a diplomacia de LBJ em Paris, ele disse o seguinte: "Disseram-me que toda essa atividade é uma tentativa cínica de última hora do presiden-

ABRE-SE A CORTINA: O SEGREDO DE 1968 51

te Johnson para salvaguardar a candidatura do senhor Humphrey. Nisso eu não acredito".

O próprio Kissinger mostrou uma habilidade semelhante para jogar um contra o outro. Ao final do verão de 1968, no Martha's Vineyard, ele ofereceu os arquivos de Nelson Rockefeller sobre Nixon ao professor Samuel Huntington, um consultor, íntimo de Hubert Humphrey. Mas quando um colega e amigo de Huntington, Zbigniew Brzezinski, tentou fazer com que retribuísse o favor, Kissinger tornou-se reticente. "Eu odeio Nixon há anos", disse a Brzezinski. Mas ainda não era hora de liberar o material. Na verdade, era um final de eleição, virando com uma diferença de uns cem mil votos, e muitos observadores endurecidos acreditam que a diferença final se fez quando Johnson ordenou o cessar-fogo em 31 de outubro, e os sul-vietnamitas fizeram com que ele parecesse um tolo, boicotando as negociações de paz no dia seguinte. Mas, se as coisas tivessem sido diferentes, Kissinger certamente teria um cargo de importância na administração Humphrey.

Com pequenas diferenças de ênfase, essa história é mais bem descrita no trabalho de Haldeman, já citado, e nas memórias de Clifford. Elas também foram parcialmente narradas na autobiografia do presidente Johnson, *The Vantage Point* (O ponto de vantagem), e em uma longa reflexão sobre a Indochina por William Bundy (um dos arquitetos da guerra), intitulada com uma expressão já um tanto gasta: *The Tangled Web* (A teia enrolada). Antigos jornalistas, entre eles Jules Witcover em sua matéria de 1968, Seymour Hersh em estudo sobre Kissinger, e Walter Isaacson, editor da revista *Time*, em sua admirável mas criticável biografia, produziram material muito semelhante sobre o mesmo episódio. Eu mesmo utilizei *The Haldeman Diaries* no *The Nation*, em 1994. A única menção a esses fatos que é completa e absolutamente falsa, sob qualquer ângulo, literário ou histórico, aparece nas memórias do próprio Henry Kissinger. Ele escreve apenas o seguinte:

> Vários emissários de Nixon – alguns auto-indicados – ligaram para se aconselhar. Eu assumi a posição de responder perguntas específicas sobre política externa, mas não de oferecer aconselhamento geral ou sugestões. Esta foi a mesma resposta que eu dei às perguntas da equipe de Humphrey.

Isso contradiz até mesmo as memórias de autopromoção de um homem que, tendo vencido a eleição de 1968 por meios escusos,

52   O JULGAMENTO DE KISSINGER

teve como primeiro ato a indicação de Kissinger como conselheiro de segurança nacional. É difícil julgar qual dos dois venceria um campeonato de mentiras, mas quando Nixon fez esta escolha havia encontrado Kissinger pessoalmente apenas uma vez, de maneira breve e confusa. Ele certamente formou sua opinião a respeito das habilidades desse homem por meio de uma experiência mais verossímil do que essa. "O fator que mais me convenceu sobre a credibilidade de Kissinger", escreveu Nixon mais tarde em sua deliciosa narrativa, "foi o quanto ele despendia para proteger seus próprios segredos".

Mas o temível segredo é agora conhecido. Na edição de dezembro de 1968 da *Foreign Affairs*, aparecia a própria avaliação de Kissinger sobre as negociações no Vietnã – escrita meses antes, porém publicada alguns dias após sua indicação como braço direito de Nixon. Em cada ponto, ele concordava com a linha assumida em Paris pelos negociadores de Johnson-Humphrey. É preciso fazer uma pausa para compreender a gravidade da questão. Kissinger ajudara a eleger um homem que havia sorrateiramente prometido à junta dos sul-vietnamitas um acordo melhor do que eles obteriam com os democratas. As autoridades de Saigon agiram, então, segundo o arrependido Bundy confirma, como se de fato tivessem feito um acordo. Isso significava, nas palavras de um posterior *slogan* de Nixon, "mais quatro anos". Foram mais quatro anos de uma guerra invencível, não declarada e criminosa, que se prolongou antes de acabar, e terminou nos mesmos termos e condições que haviam sido discutidos no outono de 1968.

Isso é o que custou promover Henry Kissinger da condição de acadêmico medíocre e oportunista a potentado internacional. As marcas estavam lá desde o momento inaugural: a adulação e a duplicidade; a adoração pelo poder e a ausência de escrúpulos; a negociação vazia de velhos não-amigos por novos não-amigos. E os efeitos distintos também estavam presentes: os incontáveis mortos; as mentiras oficiais e oficiosas sobre o custo; a pesada e pomposa pseudo-indignação diante de perguntas indesejáveis. A carreira global de Kissinger começou da forma como prosseguiria. Debochou da república e da democracia norte-americana e reuniu um encargo odioso de baixas em sociedades mais fracas e vulneráveis.

Um alerta: breve nota sobre o Comitê 40

Em muitas das páginas e dos episódios a seguir, descobri ser essencial aludir ao "Comitê 40" ou "Comitê Quarenta", organização semiclandestina da qual Henry Kissinger foi presidente entre 1969 e 1976. Não é necessário imaginar uma organização gigantesca e cheia de tentáculos no centro de uma teia de conspiração; entretanto, é importante saber que havia um comitê que mantinha supervisão fundamental sobre as ações secretas norte-americanas no exterior (e provavelmente também interna) durante esse período.

A CIA foi originalmente criada pelo presidente Harry Truman no início da Guerra Fria. Na primeira administração de Eisenhower, sentia-se que era necessário estabelecer um monitoramento ou um órgão de monitoramento para supervisionar operações secretas. Esse quadro era conhecido como Grupo Especial e, às vezes, referido como o Grupo 54/12, de acordo com o número da diretriz do CSN que o estabeleceu. No tempo do presidente Johnson era chamado de Comitê 303, e durante as gestões de Nixon e Ford, era chamado de Comitê 40. Alguns acreditavam que essa mudança de número refletia os números das diretivas do CSN. Na verdade o comitê era conhecido pelos números das sucessivas salas que havia ocupado no bonito e antigo edifício do escritório nacional (hoje um anexo próximo à Casa Branca), que costumava abrigar os três departamentos de "Estado, Guerra e Marinha". Até aí nenhum mistério.

Rumores fantásticos, que ocultavam o trabalho do comitê, eram resultado de um absurdo culto de segredos que, num certo ponto, o cercou. Em sessão no Senado em 1973, o senador Stuart Symington questionou William Colby, então diretor da CIA, sobre as origens e a evolução do grupo de monitoramento:

Senador Symington: Muito bem. Qual é o nome do mais recente grupo dessa natureza?

Senhor Colby: Comitê 40.

Senador Symington: Quem é o presidente?

Senhor Colby: Bem, novamente, eu preferiria participar de uma sessão fechada para descrever o Comitê 40, senhor senador.

Senador Symington: Para dizer quem é o presidente do grupo, você solicita uma sessão fechada?

Senhor Colby: Está bem. O Doutor Kissinger é o presidente do grupo, como assistente do presidente nos assuntos de segurança nacional.

Kissinger manteve essa posição oficiosa, digamos. Seus colegas, na época, eram o general da Força Aérea, George Brown, presidente dos secretários-adjuntos do Departamento, William P. Clements Jr., secretário representante da Defesa; Joseph Sisco, o subsecretário de Estado para assuntos políticos; e o diretor da CIA, William Colby.

Com pequenas variações, as pessoas que ocupam essas posições têm sido os membros permanentes do Comitê Quarenta, que – como Ford expressou na primeira referência à existência do grupo por um presidente – "revê toda ação secreta tomada pelo nosso governo". Uma variação importante foi adicionada pelo presidente Nixon, que apontou seu antigo administrador de campanha, John Mitchell, para compor o comitê, o único procurador-geral a fazê-lo. A ata da fundação da CIA proíbe seus membros de participar de operações internas: em janeiro de 1975, o procurador-geral foi acusado de vários casos de perjúrio, obstrução e conspiração para acobertar a violação de Watergate, que foi executada em parte por antigos membros da CIA. Ele se tornou o primeiro procurador-geral a servir na prisão.

Nós já vimos o senhor Mitchell atuando em conjunto com o senhor Kissinger anteriormente. A utilidade dessa observação – assim espero e acredito – é fornecer um fio que poderá ser encontrado por meio dessa narrativa. Em qualquer ação secreta importante que tenha ocorrido entre os anos de 1969 e 1976, é certo que Henry Kissinger se encontrava no mínimo ciente, e talvez fosse responsável por ela. Se ele nega isso, então também estará negando ter ocupado os cargos aos quais ele se apegou com grande tenacidade burocrática. E, se assume ou não a responsabilidade, ela lhe é imputável de qualquer maneira.

INDOCHINA

Mesmo quando forçados a olhar para cruéis realidades, não devemos perder de vista um certo elemento surreal que cerca Henry Kissinger. Em visita ao Vietnã em meados dos anos 1960, quando muitos oportunistas tecnocratas ainda estavam convencidos de que a guerra valia a pena e podia ser vencida, o jovem Henry reservou seu julgamento com relação ao primeiro ponto, mas desenvolveu muitas questões em particular sobre o segundo. Tendo praticamente recebido carta branca de Nelson Rockefeller para desenvolver seus próprios contatos, chegou ao ponto de envolver-se pessoalmente com uma iniciativa em que fazia contato direto e pessoal com Hanói. Ele se tornou amigo de dois franceses que tinham contato direto com a liderança comunista na capital do Vietnã do Norte. Raymond Aubrac, um funcionário público francês, amigo de Ho Chi Minh, e Herbert Marcovich, um bioquímico francês. Eles deram início a uma série de viagens ao Vietnã do Norte e, na volta, informavam Kissinger em Paris. Este, por sua vez, passava as informações obtidas para os altos escalões em Washington, relatando as posições reais ou potenciais de negociação de Pham Van Dong e outros estadistas comunistas para Robert McNamara. (Como resultado, o incessante bombardeio ao norte tornou a "construção de pontes" impraticável. Em particular, a já esquecida destruição norte-americana da ponte Paul Doumer que enfureceu o lado vietnamita.)

Essa posição leviana, que ao final ajudou a concretizar seu duplo ato de 1968, permitiu a Kissinger usar o governador Rockefeller e propor, por meios indiretos, uma futura *détente* com os principais adversários norte-americanos. Em sua primeira indicação como candidato majoritário nas primárias republicanas, em 1968, Rockefeller

56 O julgamento de Kissinger

falou com orgulho de como "em uma relação triangular com a China comunista e a União Soviética, nós poderemos no final melhorar nossas relações com *cada um deles* – enquanto testamos o desejo de paz de *ambos*". Vislumbrar uma posterior estratégia de Kissinger pode parecer, a princípio, um ato visionário. Mas o governador Rockefeller não tinha mais razões do que o vice-presidente Humphrey para imaginar que seu ambicioso membro da equipe iria desertar para o lado de Nixon, arriscando e adiando essa mesma *détente*, para mais tarde receber o crédito por um simulacro da mesma.

Moralmente falando, Kissinger tratou o conceito da reaproximação das superpotências da mesma forma que tratou o conceito do acordo negociado no Vietnã: como algo contingente às suas próprias necessidades. Houve o tempo de fingir apoiar, e o tempo de denunciar como fraco e traiçoeiro. E houve o tempo de receber o crédito. Alguns daqueles que "seguiram ordens" na Indochina podem entrar com um processo contra essa defesa visivelmente fraca. Mesmo alguns daqueles que deram as ordens podem agora nos dizer que estavam agindo sinceramente naquela época. Mas Kissinger não pode se utilizar desse álibi. Ele sempre soube o que estava fazendo, e embarcou numa segunda rodada de guerra prolongada consciente de que estava ajudando a destruir uma alternativa que ele sempre entendeu ser possível. O que aumenta a gravidade da acusação contra ele e também nos prepara para sua defesa improvisada e retrospectiva contra essa acusação: de que suas imensas depredações acabaram conduzindo à "paz". Quando ele prematura e falsamente anunciou que "a paz agora está garantida", em outubro de 1972, fez uma reivindicação pretensiosa que poderia ter sido feita de fato (e de maneira muito menos sangrenta) em 1967. E quando reivindicou crédito pelos futuros contatos com as superpotências, ele estava anunciando o resultado de uma diplomacia corrupta e corrompida que havia sido originalmente proposta como aberta e democrática. Enquanto isso, ele havia escutado e vigiado ilegalmente cidadãos e funcionários públicos norte-americanos, cuja apreensão sobre a guerra e sobre a autoridade inconstitucional era amena se comparada à dos senhores Aubrac e Marcovich. Ao estabelecer o que os advogados chamam de *mens rea*[10], nós podemos

---

[10] Do latim: intenções criminosas.

dizer que no caso de Kissinger ele estava completamente consciente, e é inteiramente culpado de suas próprias ações.

Quando assumiu o poder ao lado de Richard Nixon, no inverno de 1968, era tarefa de Kissinger ser mais realista que o rei em dois aspectos. Ele precisava criar uma lógica de "credibilidade" para ações punitivas em uma arena vietnamita já devastada, e tinha que postergar seu maior desejo de formar parte de um "muro" entre a Casa Branca de Nixon e o Departamento de Estado. O termo "dois trilhos" mais tarde viria a se tornar lugar-comum. A posição de Kissinger nos dois lados – de violência promíscua no exterior e de flagrante ilegalidade internamente – foi premeditada desde o início. Parece ter-se divertido nas duas posições. Esperamos, com pouca chance, que esse não tenha sido seu primeiro impulso "afrodisíaco".

O "cessar-fogo" do presidente Johnson não durou muito sob nenhum aspecto, até porque o propósito conciliatório original havia sido sordidamente boicotado. Averell Harriman, que havia encabeçado as negociações de LBJ em Paris, testemunhou posteriormente no Congresso que os norte-vietnamitas haviam retirado 90% de suas forças nas duas províncias ao nordeste do Vietnã do Sul, entre outubro e novembro de 1968, provavelmente de acordo com os termos do cessar-fogo. Em um novo contexto, entretanto, este recuo poderia ser interpretado como um sinal de fraqueza, ou mesmo como "uma luz no final do túnel".

O registro histórico da guerra na Indochina é vasto; e não menos vasta é a controvérsia dela resultante. Entretanto, isso não impede que se conclua o seguinte. Uma vez que a guerra tinha sido artificial e antidemocraticamente prolongada, métodos ainda mais exorbitantes eram necessários para lutar, e desculpas ainda mais fantásticas tiveram de ser fabricadas para justificar a luta. Vamos tomar quatro casos separados, mas relacionados, nos quais a população civil foi deliberadamente exposta à força letal indiscriminada, as leis do comércio de guerra e neutralidade, violadas, e mentiras conscientes foram ditas para esconder fatos.

O primeiro caso é um exemplo do que poderia ter sido evitado no Vietnã se as conversações de paz de 1968, em Paris, não tivessem sido sabotadas. Em dezembro de 1968, durante o período de "transição" entre os governos Johnson e Nixon, o comando militar dos Estados Unidos assumiu o que o general Creighton chamou de "guerra

58 O JULGAMENTO DE KISSINGER

total" contra a "infra-estrutura" da insurgência vietcongue/FNL[11]. O principal exemplo disso foi uma campanha de seis meses de limpeza no delta do Mekong, na província de Kien Hoa. O codinome para a varredura era Operação Speedy Express[12]. (Ver páginas 65-68.)

Em tese, talvez fosse remotamente possível que tais táticas pudessem ser justificadas por leis e decretos internacionais regendo os direitos soberanos de autodefesa. Mas nenhuma nação capaz de utilizar a força espantosa e aniquiladora dos Estados Unidos poderia se encontrar numa posição defensiva. E menos possível ainda seria se encontrar na defensiva dentro de seu próprio país. Dessa forma, a administração Nixon–Kissinger não estava, exceto de uma maneira incomum, lutando pela sobrevivência. A maneira incomum na qual sua sobrevivência *estava* ameaçada se demonstra, mais uma vez, no duro relato de H. R. Haldeman. Ele descreve um momento de Kissinger em 15 de dezembro de 1970, ao lado de Nixon:

> K[issinger] chegou, e a discussão foi sobre o Vietnã e o grande plano de paz de P[residente] para o próximo ano, do qual K discorda. Ele acha que sair no próximo ano seria um grave erro por conta da reação adversa que isso provocaria bem antes das eleições de 1972. Ele é a favor de promover, em vez disso, uma redução lenta e contínua e então sair exatamente no outono de 1972, de forma que, se os resultados forem negativos, será tarde demais para afetar as eleições.

Seria difícil desejar que isso fosse colocado de maneira mais clara. (E além de tudo, por um dos principais partidários de Nixon sem nenhum desejo de desacreditar a reeleição.) Mas, no final das contas, o próprio Kissinger admite quase mesmo no primeiro volume de suas memórias, *The White House Years* (Os anos na Casa Branca). O contexto é uma reunião com o general De Gaulle, na qual o dirigente francês exigia saber com que direito a administração Nixon sujeitou a Indochina a um bombardeio devastador. Por conta própria, Kissinger responde que "uma retirada brusca poderia nos causar um problema de credibilidade". (Ao ser perguntado "Onde?", Kissinger, meio confuso, respondeu "no Oriente Médio".) É importante ter em mente que o futuro adulador de Brezhnev e Mao, e o proponente do "triângulo" manipulativo entre eles, não poderia dizer que havia criado uma guerra

---

[11] FNL: Frente de Libertação Nacional.
[12] Operação Velocidade Expressa.

INDOCHINA 59

para derrotar um dos dois. Ele, com certeza, não ousaria dar tal desculpa imatura a De Gaulle. E, na verdade, o proponente dos acordos secretos com a China não estava numa posição segura para alegar estar combatendo o stalinismo de maneira geral. Não, tudo se resumiu à "credibilidade" e salvaguarda da imagem. Sabe-se que 20.492 norte-americanos em serviço perderam a vida na Indochina entre o dia em que Nixon e Kissinger assumiram o poder e o dia em que, em 1972, retiraram as forças norte-americanas e aceitaram os termos propostos em 1968. O que diriam as famílias e os sobreviventes dessas vítimas se tivessem que se confrontar com o fato de que a "imagem" a ser preservada então era a do próprio Kissinger?

Dessa forma, o conhecido "Bombardeio de Natal" ao norte do Vietnã, iniciado durante a mesma campanha eleitoral que Haldeman e Kissinger haviam tão candidamente previsto dois anos antes, e que continuou depois que as eleições haviam sido vencidas, deve ser considerado de toda maneira um crime de guerra. O bombardeio não foi conduzido por nada que pudesse ser descrito como "razões militares", mas sim por razões políticas hipócritas. A primeira delas era interna: fazer uma demonstração de força para os extremistas no Congresso e para colocar o partido democrata na defensiva. A segunda razão era persuadir os líderes sul-vietnamitas, como o presidente Thieu – ainda "intransigente" depois de todos aqueles anos –, de que suas objeções ao recuo norte-americano eram muito tensas. Isso foi, novamente, a hipoteca do pagamento secreto inicial em 1968.

Quando o inevitável colapso no Vietnã e no Camboja aconteceu, entre abril e maio de 1975, o custo foi infinitamente mais alto do que teria sido sete anos antes. Esses anos devastadores terminaram como começaram – com uma demonstração de bravata e de mentiras. Em 12 de maio de 1975, canhoneiras cambojanas detiveram um navio mercante norte-americano chamado *Mayaguez*. Depois que o Khmer Vermelho tomou o poder, a situação ficou bastante conturbada. O navio havia sido detido em águas internacionais reivindicadas pelo Camboja e então levado à ilha de Koh Tang. Apesar de haver recebido relatórios dizendo que a tripulação havia sido libertada, Kissinger fez pressão criando atritos, para salvaguardar as aparências e a "credibilidade". Ele persuadiu o presidente Gerald Ford, o inexperiente e medíocre sucessor do seu antigo chefe deposto, a enviar a Marinha e a Força Aérea. De uma força naval de 110 homens, 18 foram mortos e 50,

60 O JULGAMENTO DE KISSINGER

feridos; além de 23 homens da Força Aérea que morreram numa colisão. Os Estados Unidos utilizaram uma bomba de sete toneladas na ilha; o mais poderoso artefato não-nuclear que possuíam. As mortes cambojanas não foram contabilizadas. As baixas foram em vão porque a tripulação do *Mayaguez* não estava em Koh Tang, tendo sido libertada algumas horas antes. Uma investigação posterior no Congresso descobriu que Kissinger poderia ter conhecimento dessa informação ouvindo as transmissões cambojanas, ou dando atenção a um terceiro país, que estava negociando um acordo para devolver a tripulação e o navio. Com certeza, não foi porque os cambojanos duvidassem, naquele mês de 1975, do desejo do governo norte-americano de empregar força letal.

Em Washington, DC, existe um memorial famoso e sagrado aos mortos norte-americanos no Vietnã. Conhecido como Memorial dos Veteranos no Vietnã, tem um nome um tanto impróprio. Eu estava lá no marcante momento de sua inauguração, em 1982, e notei que a lista dos quase 60 mil nomes inscritos no muro não estão em ordem alfabética, e sim cronológica. Os primeiros nomes aparecem em 1954, e os últimos, em 1975. Pode-se ouvir, às vezes, os visitantes mais atentos à história dizerem que não sabiam que os Estados Unidos estavam envolvidos no Vietnã durante todo esse período. E nem poderiam saber. Os primeiros nomes inseridos são de operações secretas enviadas pelo coronel Lansdale, sem aprovação do Congresso, para apoiar os colonialistas franceses em Dien Bien Phu. Os últimos nomes são daqueles atirados ao fiasco do *Mayaguez*. Foi Henry Kissinger quem assegurou que uma guerra de atrocidades, que ele ajudou a prolongar, deveria terminar de forma tão furtiva e degradante quanto começou.

Uma amostra dos casos:
os crimes de guerra na Indochina

Algumas afirmações são demasiado contundentes para os discursos do dia-a-dia. Em um "debate" nacional, são pedrinhas apanhadas no riacho e usadas como projéteis. Elas deixam marcas menores, mesmo quando atingem o alvo. Às vezes, entretanto, um simples comentário agressivo pode causar um ferimento grande e profundo; um corte tão feio que precisa ser cauterizado imediatamente. Em janeiro de 1971, o general Telford Taylor, que havia tido uma posição de liderança no Conselho de Execução do Julgamento de Nuremberg, fez uma afirmação consistente. Ao rever as bases morais e legais dessas audiências, e também o julgamento dos criminosos de guerra japoneses em Tóquio e o do chefe militar general Tomoyuki Yamashita em Manila, Taylor disse que, se os padrões de Nuremberg e Manila fossem aplicados a todos os estadistas e burocratas norte-americanos que fizeram a guerra no Vietnã, então "havia grandes chances de receberem o mesmo veredicto de Yamashita". Não é todo dia que um militar graduado e jurista norte-americano exprime sua opinião de que grande parte da classe política do seu país deveria provavelmente ser encapuzada, vendada e enforcada.

No seu livro *Nuremberg and Vietnan* (Nuremberg e Vietnã), o general Taylor também antecipou uma das possíveis objeções a essa conclusão legal e moral. Segundo ele, a defesa poderia alegar que os acusados não sabiam realmente o que estavam fazendo. Em outras palavras, haviam obtido os mais vergonhosos resultados pelos mais elevados e inocentes motivos. A imagem da Indochina como um pântano no *Heart of Darkness*[13], com exércitos ignorantes, havia sido

---

[13] Provavelmente uma alusão à obra de Joseph Conrad, *Heart of Darkness,* no qual o filme *Apocalypse Now* foi inspirado. Edição brasileira: *O coração das trevas.* Trad. de Celso Paciornick. São Paulo, Iluminuras, 2001.

62 O JULGAMENTO DE KISSINGER

propagada insistentemente; mas Taylor se impacientava com tal visão. Missões e frotas de militares norte-americanos, das áreas da inteligência, econômicas e políticas, haviam estado no Vietnã, escreveu ele, por tempo demasiado para que se pudesse atribuir qualquer coisa que fizessem à "falta de informação". Teria sido possível para soldados e diplomatas posarem de inocentes até meados da década de 1960. Mas, depois dessa data, e especialmente depois do massacre de My Lai, em 16 de março de 1968, quando os veteranos em serviço relataram aos seus oficiais superiores inúmeras atrocidades, ninguém mais poderia alegar desinformação. E, entre aqueles que talvez pudessem, por estarem longe da confusão da batalha, também seria impossível, pois liam, discutiam e aprovavam os assustadores relatórios de guerra enviados a Washington.

O livro do general Taylor foi escrito enquanto muitos dos acontecimentos mais condenáveis na Indochina ainda estavam se desenrolando, ou ainda estavam por vir. Ele desconhecia a intensidade e a extensão, por exemplo, do bombardeio ao Laos e ao Camboja. Entretanto, sabia-se o suficiente sobre a conduta de guerra, e sobre a matriz de responsabilidade legal e criminal existente, para que se chegasse a algumas indiscutíveis conclusões. A primeira delas refere-se a uma obrigação particular de os Estados Unidos estarem cientes e respeitarem os princípios de Nuremberg:

As cortes e comissões militares normalmente não fornecem as razões para seus julgamentos breves e secos. Os julgamentos de Nuremberg e Tóquio, ao contrário, foram baseados em opiniões extensas, detalhando as provas e analisando as questões legais e factuais, da forma como geralmente o fazem tribunais apelativos. Não é necessário dizer que não eram uniformes, e com freqüência refletiam problemas de coerência lógica nos acordos, sinais do que normalmente prejudica as opiniões dos tribunais mistos. Mas o processo foi profissional de uma maneira raramente alcançada nas cortes militares, e os arquivos e as decisões nesses julgamentos forneceram uma base imprescindível para um conjunto de leis penais internacionais feitas por juízes. Os resultados dos julgamentos por si inspiraram a recém-formada Nações Unidas, e em 11 de dezembro de 1946 a Assembléia Geral adotou uma resolução afirmando "os princípios da lei internacional reconhecidos pela Carta Régia do Tribunal de Nuremberg e o julgamento do Tribunal".

Embora só a história possa comprovar realmente a sabedoria ou não dos julgamentos dos crimes de guerra, uma coisa é indiscutível. O governo dos Estados Unidos comprometeu-se legal, política e moralmente com os princípios anunciados na Carta Régia e nos julgamentos dos tribunais. O presidente dos Estados Unidos, sob recomendação dos Departamentos de Estado, da

Guerra e de Justiça, aprovou os programas de crimes de guerra. Trinta ou mais juízes norte-americanos, dos bancos de apelação dos estados de Massachusetts ao Oregon, e Minnesota à Geórgia, conduziram os últimos julgamentos de Nuremberg e registraram suas opiniões. O general Douglas MacArthur, sob autoridade da comissão do Extremo Oriente, constituiu o tribunal de Tóquio e confirmou as sentenças impostas. E foi sob sua autoridade, como o mais alto oficial norte-americano no Extremo Oriente, que o processo de Yamashita e outros tantos foram executados. A delegação dos Estados Unidos nas Nações Unidas apresentou a resolução pela qual a Assembléia Geral endossou os princípios de Nuremberg. Desta forma, a integridade da nação está firmada nestes princípios, e hoje a questão é como elas se aplicam à nossa condução da guerra no Vietnã e se o governo dos Estados Unidos está preparado para encarar as conseqüências de sua aplicação.

Enfrentando essas conseqüências e refletindo sobre elas, o próprio general Telford Taylor discordou de outro oficial dos Estados Unidos, o coronel William Corson, que havia escrito:

Independentemente do resultado de... as cortes marciais de My Lai e outras ações legais, o ponto é que o julgamento americano, no que concerne aos processos efetivos da guerra, foi deficiente do início ao fim, e as atrocidades, alegadas ou não, são resultado de falhas de julgamento, e não de comportamento criminoso.

A isso Telford respondeu desta forma:

O coronel Corson faz vista grossa, assim temo, ao fato de que homicídio por negligência é geralmente considerado um crime de mau julgamento e não de intenção vil. Talvez ele esteja correto no senso causal estrito de que se não tivesse ocorrido um erro de julgamento a ocasião para a conduta criminosa não teria surgido. Os alemães na Europa ocupada fizeram grosseiros erros de julgamento, que sem dúvida criaram as condições para que os habitantes de Klissura fossem dizimados (um vilarejo grego exterminado durante a ocupação), mas isso não tornou as mortes menos criminosas.

Ao fazer referência sobre essa questão à rede de comando na batalha, o general Taylor observou ainda que o alto comando havia estado

bastante presente no Vietnã, e fantasticamente equipado com helicópteros e outros aviões, o que lhes concedeu um grau de mobilidade sem precedentes nas guerras anteriores e, conseqüentemente, capacitou-os com todas as oportunidades de manter o curso da luta e suas conseqüências, sob constante e próxima observação. As comunicações eram geralmente rápidas e eficientes, de forma que o fluxo de informações e ordens estava desimpedido.

Estas circunstâncias contrastam imensamente com aquelas que confrontaram o general Yamashita em 1944 e 1945, com suas tropas cambaleantes em desordem diante do poderio militar norte-americano. Por falhar ao controlar

64　O JULGAMENTO DE KISSINGER

suas tropas, assim como para evitar as atrocidades que cometeram, os generais brigadeiros Egbert F. Bullene e Morris Handwerk e os generais James A. Lester, Leo Donowan e Russel B. Reynolds o julgaram culpado de violar as leis da guerra e o sentenciaram à morte por enforcamento.

Tampouco o general Taylor omitiu o elo crucial entre o comando militar e sua supervisão política; novamente uma relação muito mais imediata e evidente no exemplo americano-vietnamita do que no nipo-filipino, como torna claro o contato regular entre o general Creighton Abrams e Henry Kissinger:

> A extensão de quanto o presidente e seus conselheiros diretos na Casa Branca, Pentágono e Foggy Bottom sabiam sobre o volume e a causa das baixas no Vietnã e da devastação física do país, não sabemos ao certo. Alguma coisa eles sabiam, para que o falecido John Naughton (então secretário assistente da Defesa) retornasse da Casa Branca um dia, em 1967, com a mensagem de que "Parece que estamos agindo como se a forma de erradicar os vietcongues fosse destruir toda a estrutura dos vilarejos, desfolhar todas as florestas, e então cobrir toda a superfície do Vietnã de asfalto".

Esse comentário havia sido relatado (por Townsend Hoopes, um antagonista político do general Taylor) antes que a metáfora se estendesse aos dois novos países, Laos e Camboja, sem nem sequer declaração de guerra, notificação ao Congresso ou alerta aos civis para evacuar o território. Mas Taylor prognosticou o caso Kissinger de muitas maneiras, quando relembrou o julgamento do estadista japonês Koki Hirota,

> que serviu brevemente como primeiro-ministro e foi por vários anos ministro das Relações Exteriores entre 1933 e maio de 1938, depois do que não ocupou mais nenhuma outra posição oficial. O "Estupro de Nanking"[14], assim chamado pelas forças japonesas, ocorreu durante o inverno de 1937-38, quando Hirota era ministro das Relações Exteriores. Ao receber os primeiros relatórios das atrocidades, ele solicitou e recebeu confirmação do ministro da Guerra de que cessariam. Mas elas continuaram, e o Tribunal de Tóquio julgou Hirota culpado porque ele foi "negligente em seu dever ao não insistir diante do gabinete que ações imediatas fossem tomadas para pôr um fim às atrocidades" e "contentou-se em confiar em afirmações que ele sabia não estarem sendo implementadas". Com base nisso, aliado à condenação por comandar uma guerra agressiva, Hirota foi sentenciado à morte por enforcamento.

---

[14] Entre dezembro de 1937 e março de 1938, pelos menos 369.366 civis chineses e prisioneiros de guerra foram barbaramente assassinados pelas tropas invasoras. Aproximadamente 80 mil mulheres e meninas foram estupradas; e muitas delas foram então mutiladas ou assassinadas.

Melvin Laird, como secretário de Defesa durante a primeira administração Nixon, descontente com o bombardeio precoce ao Camboja, e questionando a legalidade ou a prudência da intervenção, enviou um memorando ao Alto Comando das Forças Armadas do Departamento perguntando o seguinte: "Estão sendo tomadas providências, de forma sistemática, para minimizar o risco de atingir a população do Camboja e suas estruturas? Caso estejam, quais são elas? Estamos nos certificando de que tais providências são eficazes?" Não existem evidências de que Henry Kissinger, como conselheiro de segurança nacional ou secretário de Estado, tenha em algum momento tentado obter mesmo essas modestas confirmações. Na verdade, existem muitas provas de que ele enganou o Congresso quanto à verdadeira extensão dessas afirmações, e a maneira como foram apresentadas era deliberadamente falsa. Outros envolvidos, tais como Robert McNamara, McGeorge Bundy e William Colby, têm desde então apresentado várias desculpas ou mostras de arrependimento, ou, ao menos, explicações – Henry Kissinger, no entanto, nunca o fez. O general Taylor descreveu a prática de ataques aéreos contra aldeias suspeitas de estarem "acobertando" guerrilheiros vietnamitas como "violações flagrantes da convenção de Genebra sobre proteção civil, que proíbe 'punições coletivas' e 'retaliações contra pessoas protegidas' e também violam as regras do bem-estar da terra". Ele escreveu isso antes que esse atroz precedente houvesse se estendido a "ataques aéreos de represália" que trataram dois países inteiros – Laos e Camboja – como se fossem aldeias descartáveis.

Henry Kissinger, que não acredita nas desculpas jactantes dos criadores de guerras, em primeiro lugar, tem grande responsabilidade nisso. Ele não somente tinha boas razões para saber que os comandantes em campo estavam exagerando nos sucessos, e contando todos os corpos como se fossem de soldados inimigos – algo mais do que sabido depois da primavera de 1968 –, como também sabia que a guerra havia começado, política e diplomaticamente, para todos os efeitos, antes que ele se tornasse conselheiro de segurança nacional. De forma que sabia que qualquer baixa adicional, de qualquer lado, não era simplesmente uma morte, mas uma morte que poderia ter sido evitada. E, ciente disso, e com um forte senso de ganho político pessoal e interno, incitou a expansão da guerra a dois países neutros – violando o direito internacional – ao mesmo

66 O JULGAMENTO DE KISSINGER

tempo que continuava investindo com um alto grau de desgaste e violência contra o próprio Vietnã.

De um grande número de exemplos possíveis, escolhi os casos em que Kissinger tenha-se envolvido diretamente, e nos quais eu mesmo tenha sido capaz de entrevistar as testemunhas sobreviventes. A primeira, como prenunciado anteriormente, é a Operação Speedy Express.

Meu amigo e colega Kevin Buckley, então muito admirado correspondente e chefe de redação da *Newsweek*, interessou-se pela campanha de "pacificação" que ostentava este suave codinome. Desenvolvida nos últimos dias da administração Johnson-Humphrey, foi posta em ação plenamente nos primeiros seis meses de 1969, quando Henry Kissinger havia assumido muita autoridade na condução da guerra. O objetivo era disciplinar, por solicitação do governo Thieu, a turbulenta província de Kien Hoa no delta do Mekong.

Em janeiro de 1968, o secretário de Defesa Robert McNamara havia dito ao Senado que "nenhuma unidade norte-vietnamita regular" estava em formação de combate no delta do Mekong, e nenhum documento da inteligência militar veio a público para contradizer sua afirmação, de forma que a limpeza da área não pode ser entendida como parte de uma argumentação sobre o desejo incessante de conquista de Hanói. O propósito anunciado da varredura da Nona Divisão era, de fato, redimir milhares de aldeões do controle político da Frente Nacional de Libertação (FNL) ou Vietcong (VC). Como Buckley descobriu, e como sua revista *Newsweek* revelou parcialmente, na data um tanto tardia de 19 de junho de 1972:

Todas as evidências que reuni apontaram para uma conclusão clara: um assustador número de civis não-combatentes – talvez uns cinco mil de acordo com um oficial – foi morto pelo poder de fogo americano para "pacificar" Kien Hoa. Esse total de mortos fez com que o massacre de My Lai parecesse trivial.
A Nona Divisão colocou tudo de que dispunha em operação. Oito mil soldados da infantaria esquadrinharam o interior altamente povoado, mas raramente entravam em contato com o inimigo ilusório. Dessa forma, em sua busca de pacificação, a divisão apoiou-se fortemente em suas 50 peças de artilharia, 50 helicópteros (muitos armados com foguetes e minimetralhadoras) e o apoio mortal fornecido pela Força Aérea. Houve 3.381 ataques aéreos com caças bombardeiros durante a operação "Speedy Express"....
"Morte é nosso negócio e negócio é bom" era o *slogan* pintado em um dos helicópteros das unidades durante a operação. E assim era. Estatísticas cumulativas do "Speedy Express" mostram que 10.899 "inimigos" foram mortos. Só no mês de março, "mais de três mil tropas inimigas foram mortas... que é o

UMA AMOSTRA DOS CASOS: OS CRIMES DE GUERRA NA INDOCHINA 67

maior total mensal de toda divisão norte-americana na guerra do Vietnã", dizia a revista oficial da divisão. Quando solicitado a responder pelo imenso número de baixas, um oficial graduado da divisão explicou que as tripulações dos helicópteros com metralhadoras com freqüência atingiam "inimigos" desarmados nos campos abertos...
Existe uma evidência esmagadora de que, praticamente, todos os vietcongues estavam bem armados. Civis não estavam, naturalmente, armados. E a enorme discrepância entre a contagem de corpos (onze mil) e o número de armas capturadas (748) é difícil de explicar – exceto pela conclusão de que muitas vítimas eram civis inocentes...
Todas as pessoas que ainda vivem na pacificada Kien Hoa têm claras lembranças da devastação que o poder de fogo norte-americano trouxe às suas vidas no início de 1969. Praticamente toda pessoa com quem conversei havia sofrido de alguma forma. "Havia cinco mil pessoas em nossa aldeia antes de 1969, mas não havia mais ninguém em 1970", um velho aldeão me disse. "Os norte-americanos destruíram todas as casas com artilharia, ataques aéreos ou ateando fogo nas casas com isqueiros. Cerca de cem pessoas foram mortas nos bombardeios, outras foram feridas e outras tornaram-se refugiadas. Muitas crianças foram mortas por lesões cerebrais causadas pelo impacto das bombas que seus pequenos corpos não podiam suportar, mesmo que estivessem abrigadas sob a terra".
Outros oficiais, incluindo o chefe da polícia da aldeia, confirmaram o testemunho do homem. Eu não pude, é claro, visitar todas as aldeias. Mas, em cada um dos muitos locais aonde fui, o testemunho era sempre o mesmo: cem mortos aqui, duzentos mortos ali.

Outras notas feitas por Buckley e seu amigo e colaborador Alex Shimkin (um membro dos serviços de voluntariado internacional, que foi posteriormente morto na guerra) revelaram a mesma história nas estatísticas nos hospitais. Em março de 1969, o hospital em Bem Tre registrou 343 feridos por "fogo amigo" e 25 pelo "inimigo", uma assombrosa estatística para uma estrutura de governo registrar em uma guerrilha em que a suspeita de associação com os vietcongs poderia significar a morte. E a própria citação de Buckley para sua revista – de "talvez umas cinco mil mortes" entre os civis nesta única varredura – é quase uma afirmação deliberada do que foi dito por um oficial dos Estados Unidos, que literalmente disse que " *pelo menos* 5 mil" dentre os mortos "eram o que chamamos de não-combatentes": uma distinção não muito exata, como já vimos, e como era então bem entendida (o destaque é do autor).

Bem entendido, diga-se de passagem, não apenas por aqueles que se opunham à guerra, mas por aqueles que a conduziam também. Como um oficial dos Estados Unidos disse a Buckley:

> As ações da Nona Divisão, ao infligir baixas civis, foram piores [do que My Lai]. A soma total do que a Nona fez foi impressionante. Em suma, o horror foi pior do que em My Lai. Mas, com a Nona, as baixas civis vinham em gotas e duraram muito tempo. E a maioria delas vinha à noite e pelo ar. E também eram sancionadas pela insistência do comando por alta contagem de corpos... O resultado foi um desfecho inevitável da política de comando da unidade.

A varredura anterior, que havia limpado My Lai – durante a operação Wheeler Wallawa –, havia também naquela época contado todos os corpos como soldados inimigos, incluindo a população civil da aldeia, que foi casualmente incluída no estonteante total de dez mil baixas.

Confrontados com essa evidência, Buckley e Shimkin abandonaram um costume preguiçoso e comum e o substituíram, em um telegrama à matriz da *Newsweek* em Nova York, por algo mais revelador e escrupuloso. O problema não era "o uso indiscriminado do poder de fogo", mas sim "o uso discriminado como política em áreas populosas". Mesmo o fato descrito anteriormente trata de uma grosseira violação à Convenção de Genebra; o segundo conduz diretamente ao banco de réus em Nuremberg ou Haia.

Desde que o general Creighton Abrams elogiou publicamente a Nona Divisão pelo seu trabalho, e chamou a atenção onde e quando pudesse para o tremendo sucesso da Operação Speedy Express, pudemos ter certeza de que a liderança política em Washington não desconhecia o assunto. Na verdade, o grau de microgerenciamento revelado nas memórias de Kissinger não permite que pensemos que qualquer coisa importante acontecesse sem o seu conhecimento ou a sua permissão.

Isso é tão verdadeiro quanto seu próprio envolvimento pessoal no bombardeio e na invasão dos neutros Camboja e Laos. Obcecados com a idéia de que a intransigência vietnamita poderia estar relacionada com aliados ou recursos externos ao próprio Vietnã, ou que o país poderia ser derrotado com táticas genocidas, Kissinger, por um momento, considerou utilizar armas termonucleares para impedir a passagem por meio da qual corria a linha de trem que ligava o Vietnã do Norte à China. Em outro momento, pensou em bombardear os diques que impediam a inundação do país pelo sistema de irrigação norte-vienamita. Nenhuma dessas medidas (relatadas, respectivamente, na história de Tad Szulc sobre a diplomacia da era Nixon e pelo ex-assistente de Kissinger, Roger Morris) foi tomada; o que retira alguns crimes de guerra em potencial de nosso libelo acusatório, mas que nos dá um indício de sua mentalidade doentia. E assim restaram Camboja e Laos, que, supostamente, ocultavam ou protegiam as linhas de fornecimento norte-vietnamita.

Como nos casos apresentados pelo general Telford Taylor, existe o crime de guerra agressiva, então há a questão dos crimes de guerra. (O caso Koki Hirota, citado anteriormente, ganha importância aqui.) No período que se seguiu à Segunda Guerra Mundial, ou o período governado pela carta das Nações Unidas e por convenções relacionadas e incorporadas, os Estados Unidos, sob administrações democráticas e republicanas, haviam negado, mesmo aos mais próximos aliados, o direito de invadir países que reconhecidamente davam abrigo aos seus oponentes. Num dos casos mais famosos, o presidente Eisenhower exerceu pressão econômica e democrática nos altos escalões para acabar com a invasão do Egito pela Grã-Bretanha, pela França e por Israel, em outubro de 1956. (Os britânicos achavam que Nasser deveria controlar o canal de Suez "deles"; os franceses achavam que Nasser era a inspiração e a fonte dos seus problemas na Argélia; e os israelenses diziam que o líder egípcio desempenhava o mesmo papel ao fomentar as dificuldades deles com os palestinos. Os Estados Unidos mantinham a posição de que mesmo se essas fantasias de propaganda fossem verdadeiras eles não reconheceriam retrospectivamente a invasão do Egito.) Também durante a guerra da independência da Argélia, os Estados Unidos haviam repudiado o direito preconizado pela França de atacar uma cidade na vizinha Tunísia, que havia socorrido as guerrilhas argelinas, e, em 1964, o embaixador Adlai Stevenson nas Nações Unidas havia condenado o Reino Unido por atacar uma cidade no Iêmen, que teria coberto o recuo dos rebeldes, operando na sua então colônia de Aden.

Toda essa lei e seus precedentes foram pelos ares quando Nixon e Kissinger decidiram engrandecer o conceito de "perseguição acirrada" através das fronteiras do Laos e do Camboja. Mesmo antes da própria invasão territorial do Camboja, por exemplo, e logo depois da ascensão de Nixon e Kissinger ao poder, o programa de bombardeamento pesado do país foi preparado e executado em segredo. Pode-se chamar a isso, com certa repulsa, de um "cardápio" de bombardeio, uma vez que as senhas para os ataques aéreos eram "café da

70 O JULGAMENTO DE KISSINGER

manhã", "almoço" "lanche", "jantar" e "sobremesa". Esses ataques aéreos eram feitos com bombardeiros B-52 que, é importante ressaltar, voam tão alto que não podem ser observados do chão e carregam toneladas de explosivos: não dão alerta de aproximação e não têm precisão ou discriminação, por conta da altitude e do peso da aeronave. Entre 18 de março de 1969 e maio de 1970, 3.630 desses tipos de ataques aéreos foram feitos no Camboja. A campanha de bombardeio começou como prosseguiria – com o completo conhecimento dos seus efeitos na população civil e com flagrantes mentiras do senhor Kissinger justamente a esse respeito.

Como exemplo: um memorando preparado pelo Alto Comando das Forças Armadas, e enviado ao Departamento de Defesa e à Casa Branca, dizia simplesmente que "algumas baixas cambojanas foram confirmadas na operação" e "o efeito surpresa do ataque poderia gerar mais baixas desse tipo". A região-alvo da operação Café da Manhã (Base Aérea 35) era habitada, dizia o memorando, por cerca de 1.640 cambojanos civis. A região-alvo da Almoço (Base Aérea 609) era habitada por 198 pessoas; Lanche (Base Aérea 351), por 383 pessoas, Jantar (Base Aérea 352), por 770, e Sobremesa (Base Aérea 350), por cerca de 120 camponeses cambojanos. Esses números, estranhamente exatos, são em si suficientes para demonstrar que Kissinger estava mentindo quando disse mais tarde ao Comitê das Relações Exteriores do Senado que as áreas do Camboja escolhidas para o bombardeio eram "inabitadas".

Como resultado das campanhas de bombardeio intensificadas e expandidas, estima-se que cerca de 350 mil civis perderam a vida no Laos, e 600 mil no Camboja. (Estas não são as estimativas mais altas.) Os dados sobre refugiados são vários múltiplos desse número. Além disso, a utilização em larga escala de desfolhantes químicos tóxicos criou uma maciça crise de saúde, que naturalmente afetou mais as crianças, as lactantes, os mais velhos e já enfermos – e que persiste até hoje.

Embora essa guerra vergonhosa, e suas terríveis conseqüências, possa e deva ser considerada uma crise moral e política para as instituições norte-americanas, tem sido um tanto difícil para a sociedade dos Estados Unidos identificar responsabilidades individuais, por pelo menos cinco presidências, no período mais atroz e indiscriminado. Richard Nixon como comandante supremo é o maior responsável, e

UMA AMOSTRA DOS CASOS: OS CRIMES DE GUERRA NA INDOCHINA 71

somente por pouco escapou de uma ação do Congresso para incluir seus crimes e fraudes na Indochina nos artigos do *impeachment*, o que acabou forçando sua renúncia. Mas seu assessor e conselheiro mais próximo, Henry Kissinger, foi algumas vezes forçado, e, em outras, forçou a si mesmo, a uma posição de co-presidência virtual no que se refere à Indochina.

Um bom exemplo se deu nos preparativos da invasão do Camboja, em 1970. Kissinger se viu então diante da posição de sua equipe – vários membros renunciaram em protesto quando a invasão começou – e de sua própria necessidade de agradar ao presidente. Seu presidente ouviu mais aos seus dois comparsas – John Mitchell e Bebe Rebozo – do que aos seus secretários de Estado e de Defesa, William Rogers e Melvin Laird, ambos altamente céticos sobre a ampliação da guerra. Em uma ocasião, numa cena particularmente aprazível, Nixon, embriagado, telefonou a Kissinger para discutir os planos da invasão. Colocou então Bebe Rebozo na linha. "O presidente disse que se isso não funcionar, Henry, é você que vai se foder." "Não é, Bebe?", perguntou o comandante supremo, numa voz embargada. (A conversa foi monitorada e transcrita por um dos subordinados de Kissinger que logo renunciou, William Watts[15].) Poderia ser dito que neste exemplo o conselheiro de segurança nacional estava sob pressão; ainda assim, ele assumiu o lado da facção pró-invasão e, de acordo com as memórias do general William Westmoreland, fez *lobby* para que a invasão prosseguisse.

Algo ainda pior foi apresentado pelo então chefe do departamento H. R. Haldeman no seu *Diário*. Em 22 de dezembro de 1970, ele registra:

> Henry chegou dizendo ser necessário reunir-se com o P[residente] e com Al Haig hoje, e, amanhã, com Laird e Moorer, porque ele precisa usar a força do P[residente] para forçar Laird e os militares a levar adiante os planos do P[residente], o que eles não vão fazer sem ordens diretas. Os planos em questão envolvem... atacar forças inimigas no Laos.

Em suas próprias memórias, *The White House Years*, Kissinger gaba-se de ter usurpado a corrente habitual de comando por onde

---

[15] De acordo com Woodward e Bernstein, Watts falou então com o general Alexander Haig, que lhe disse: "Você acabou de receber uma ordem do seu comandante-chefe. Você não pode renunciar". "Foda-se, Al", disse Watts. "Eu acabei de fazê-lo." (N.A.)

os comandantes de campo recebiam, ou acreditavam receber, suas ordens do presidente e do então secretário de Defesa. Diz com orgulho que ele, juntamente com Haldeman, Alexander Haig e o coronel Ray Sitton, desenvolveram "uma agenda diplomática e uma militar" para o bombardeio secreto do Camboja. A bordo do Air Force One[16], que estava na pista no aeroporto de Bruxelas em 24 de fevereiro de 1969, ele escreve, "nós desenvolvemos as orientações para o bombardeio dos santuários dos inimigos". O coronel Sitton da Força Aérea, o então *expert* em táticas com B-52 no Alto Comando das Forças Armadas, notou que o presidente não estava presente à reunião, mas havia dito que discutiria o assunto com Kissinger. Poucas semanas mais tarde, em 17 de março, o livro de Haldeman registra o seguinte:

> Dia histórico. A "operação café da manhã" de K[issinger] finalmente saiu às 14 horas, horário local. K[issinger] realmente entusiasmado, assim como o P[residente].

No dia seguinte, ele relata:

> A operação "café da manhã" de K[issinger] foi um grande sucesso. Ele entrou exultante com o relatório, muito produtivo.

As coisas só melhoraram. Em 22 de abril de 1970, Haldeman relata que Nixon, acompanhando Kissinger a uma reunião do CSN sobre o Camboja, "virou-se para mim com um grande sorriso e disse que K[issinger] estava realmente se divertindo naquele dia, brincando de Bismarck".

O relato acima é um insulto ao Chanceler de Ferro. Quando Kissinger foi finalmente exposto no Congresso e na imprensa por conduzir bombardeios desautorizados, alegou de maneira pouco convincente que os ataques aéreos não eram, de fato, assim tão secretos, porque o príncipe Sihanouk do Camboja sabia a respeito. Ele teve de ser lembrado que um príncipe estrangeiro não pode dar permissão a um burocrata norte-americano para violar a Constituição dos Estados Unidos. Nem, por isso mesmo, pode dar permissão a um burocrata norte-americano para massacrar seus "próprios" civis. É difícil imagi-

---

[16] Primeiro jato presidencial dos Estados Unidos. Especialmente construído, era um Boeing 707-120. Trazia os dizeres *Air Force One* quando o presidente estava a bordo.

UMA AMOSTRA DOS CASOS: OS CRIMES DE GUERRA NA INDOCHINA 73

nar Bismarck intimidado diante de tal desculpa vil. (O príncipe Sihanouk, vale a pena lembrar, tornou-se mais tarde um fantoche abjeto do Khmer Vermelho.)

O coronel Sitton começou a notar que, no final de 1969, sua própria administração estava sendo regularmente invalidada com relação aos alvos selecionados. "Não somente Henry estava cuidadosamente controlando os ataques aéreos", disse Sitton, "como estava lendo os arquivos militares secretos e adulterando os planos da missão e dos bombardeios". Em outros departamentos da cúpula interna de Washington, também era evidente que Kissinger estava se transformando em um membro *stakhanovista*[17]. Além do crucial Comitê Quarenta, que planejou e supervisionou todas as ações secretas no exterior, ele presidia o Grupo de Ações Especiais de Washington (WSAG), o Painel de Verificação (Verification Panel), envolvido com controle de armas, o Grupo de Estudos Especiais sobre o Vietnã, que supervisionava a condução diária da guerra, e o Comitê de Revisão do Programa de Defesa, que supervisionava o orçamento do Departamento de Defesa.

É, portanto, impossível Kissinger dizer que não estava ciente das conseqüências dos bombardeios ao Camboja e ao Laos. Ele sabia mais a esse respeito, e nos mínimos detalhes, do que qualquer outra pessoa. Tampouco era prisioneiro de uma cultura de obediência que não lhe desse nenhuma alternativa. Vários membros de sua própria equipe, mais notadamente Anthony Lake e Roger Morris, renunciaram durante a invasão do Camboja, e mais de 200 funcionários do Departamento de Estado assinaram um protesto dirigido ao secretário de Estado, William Rogers. Na verdade, como foi observado, tanto Rogers quanto o secretário de Defesa, Melvin Laird, se opuseram à política de bombardeios com os B-52, como o próprio Kissinger registrou, com desprezo, em seu livro de memórias. O Congresso também se opôs à ampliação dos bombardeios (uma vez que havia concordado que seria informado sobre o assunto). Mas mesmo depois da administração Nixon–Kissinger ter-se comprometido no Capitólio a não intensificar os ataques houve um aumento de 21% nos bombar-

---

[17] Referência irônica do autor. Trabalhador soviético honrado e recompensado por um trabalho excepcional para aumentar a produção. Termo originado do nome do minerador soviético Aleksei Grigorievich Stakhanov.

74 O JULGAMENTO DE KISSINGER

deios ao Camboja, nos meses de julho e agosto de 1973. Os mapas da Força Aérea das regiões-alvo mostram que elas eram, ou tinham sido, densamente povoadas.

O coronel Sitton lembra-se, deve-se admitir, de que Kissinger pediu que os bombardeios evitassem baixas civis. Seu motivo explícito para essa solicitação era evitar ou impedir queixas do governo do príncipe Sihanouk. Mas isso não faz mais do que demonstrar que Kissinger estava ciente da possibilidade da morte de civis. Se ele detinha informações suficientes para saber dessa possibilidade, e era o dirigente da política que as infligia, e não fez com que se tomassem precauções nem reprimiu nenhum violador, então a peça acusatória contra ele torna-se legal e moralmente completa.

No início do outono de 1970, um investigador independente chamado Fred Branfman, que falava laosiano e havia conhecido o país como civil voluntário, foi a Bangcoc entrevistar Jerome Brown, um ex-oficial estrategista da embaixada norte-americana na capital do Laos, Vientiane. Havia-se aposentado da Força Aérea por conta de seu desencanto com a futilidade dos bombardeios e de sua consternação com os danos causados aos civis e à sociedade. A rapidez e a altitude dos aviões, ele disse, impedia que os alvos fossem visíveis do ar. Os pilotos, com freqüência, deixavam cair bombas onde crateras já existiam, e escolhiam vilarejos como alvos pois eles eram tão identificáveis quantos os supostos grupos de guerrilheiros escondidos na selva. Branfman, a quem eu entrevistei em São Francisco no verão de 2000, forneceu essas e outras informações para Henry Kamm e Sydney Cshanberg do *New York Times*, para Ted Koppel da ABC, e para muitos outros. Ele também escreveu e publicou suas opiniões – que não foram contestadas por nenhuma autoridade – na revista *Harper's*. Sob pressão da embaixada norte-americana, as autoridades do Laos deportaram Branfman de volta aos Estados Unidos, o que foi provavelmente, do ponto de vista deles, um erro. Isso lhe possibilitou fazer uma exposição dramática no Capitólio, em 22 de abril de 1971, e dar um depoimento para o subcomitê de refugiados do senador Edward Kennedy. Seu oponente era o enviado do Departamento de Estado William Sullivan, um antigo embaixador no Laos. Branfman acusou-o diante das câmeras de ajudar a esconder evidências de que a sociedade do Laos estava sendo mutilada pelos ferozes ataques aéreos.

Em parte como conseqüência disso, o congressista Peter McCloskey da Califórnia (um veterano condecorado na guerra da Coréia) fez uma visita ao Laos e conseguiu uma cópia de um estudo interno da embaixada norte-americana sobre os bombardeios. Ele também persuadiu a Força Aérea dos Estados Unidos a lhe fornecer as fotos aéreas do resultado dos ataques. O embaixador Sullivan ficou tão perturbado com essas fotos, algumas tiradas de áreas por ele conhecidas, que sua primeira reação, provavelmente para aplacar sua própria consciência, foi dizer que os ataques aéreos tiveram início depois que ele deixou seu posto em Vientiane. (Ele soube depois, para seu desagrado, que seu próprio telefone havia sido grampeado a pedido de Henry Kissinger, um dos inúmeros desrespeitos à lei norte-americana que fizeram parte do escândalo de grampos e violações do Watergate: um escândalo que Kissinger iria mais tarde alegar – em um rompante de vaidade, engano ou auto-engano – como seu próprio álibi pela desatenção à crise em Chipre.)

Tendo feito o que podia para trazer o pesadelo do Laos à atenção daqueles cujo emprego constitucional era supervisionar tais questões, Branfman foi para a Tailândia e, de lá, para Phnom Penh, capital do Camboja. Obtendo acesso ao rádio de um piloto, ele gravou as conversas entre os aviadores sobre as missões de bombardeio ao interior do Camboja. Em nenhum momento eles fizeram verificações para assegurar a si próprios e a outros que não estavam atingindo alvos civis. Conhecidos porta-vozes do governo norte-americano haviam garantido que tais verificações aconteciam. Branfman entregou as fitas a Sydney Schanberg, cuja reportagem sobre elas no *New York Times* foi publicada um pouco antes de o Senado proibir futuras investigações no Camboja (a mesma resolução que foi motivo de zombaria da parte de Kissinger no mês seguinte).

A partir daí, Branfman voltou à Tailândia e viajou para Nakhorn Phanon, no norte, os novos quartéis-generais da sétima Força Aérea dos Estados Unidos. Nesse local existia uma sala de controle de codinome "Blue Chip", que servia como centro de comando e de controle da campanha de bombardeios. Branfman, que é um homem alto e forte, foi capaz de se passar por um novo recruta recém-chegado de Saigon, e, ao final, conseguiu acesso à própria sala de comando, onde consoles, mapas e telas marcavam o progresso dos bombardeios. Conversando com o "encarregado dos bombardeios" no posto, ele perguntou se os pilotos faziam contato antes de deixar cair suas enormes cargas de artilharia. Ah, sim, ele confirmou, faziam. Preocupado por atingir inocentes? Ah, não – simplesmente preocupados com o paradeiro das "equipes de terra" da CIA, infiltradas na área. O relatório de Branfman sobre isso, que foi desenvolvido pela agência de notícias de Jack Anderson e no *Washington Monthly*, também não foi contestado por nenhum órgão oficial.

Uma razão para que o comando dos Estados Unidos no Sudeste Asiático finalmente deixasse de empregar o grosseiro e revoltante registro da contagem de "corpos" foi que, como no breve mas específico caso do Speedy Express citado anteriormente, os números começaram a parecer ameaçadores. Às vezes, o total de "inimigos" mortos acabava sendo, depois de computado, suspeitamente maior do que os ditos "inimigos" em campo. Mesmo assim, a guerra de alguma forma terminou, com novos alvos quantitativos sendo determinados e reforçados. Dessa forma, de acordo com o Pentágono, os dados a seguir são os números das baixas entre o primeiro cessar-fogo de Lyndon Johnson, em março de 1968, e a mesma data em 1972:

Norte-americanos	31.205
Sul-vietnamitas (de maneira geral)	86.101
"Inimigos"	475.609

O subcomitê de refugiados do senado norte-americano estimou que, no mesmo período de quatro anos, mais de três milhões de civis foram mortos, feridos ou ficaram desabrigados. No mesmo período de quatro anos, os Estados Unidos deixaram cair quase 4.500.000 toneladas de explosivos na Indochina. (A estimativa total do Pentágono para a tonelagem utilizada em toda a Segunda Guerra Mundial é de 2.044.000.) Este total não inclui a pulverização maciça de desfolhantes químicos e pesticidas, cujos efeitos perduram na ecologia da região até nossos dias. Tampouco inclui as minas, que até hoje explodem.

É difícil contabilizar o assassinato ou o desaparecimento de 35.708 civis vietnamitas pela contraguerrilha da CIA, o "programa Fênix", durante os primeiros dois anos e meio da administração Nixon–Kissinger. Pode ter havido alguma "sobreposição". Existe também alguma sobreposição nas ações das administrações anteriores em todos os casos. Mas as contagens de mortes verdadeiramente exorbitantes ocorreram aos cuidados de Henry Kissinger, sabidas e compreendidas por ele, e que foram, por ele, ocultadas do Congresso, da imprensa e do público – de qualquer forma, sua melhor habilidade – e, quando questionadas, tornaram-se assunto de vinganças políticas e burocráticas encomendadas pelo próprio. Também foram parcialmente o resultado de um processo secreto e ilegal em Washington, desconhecido mesmo para a maior parte dos membros do gabinete do qual Kissinger passou a fazer parte e dele tornou-se o maior beneficiário.

Nesse ponto podemos citar H. R. Haldeman novamente, que não tinha razões para mentir e estava, quando escreveu, pagando por seus crimes cumprindo sentença na prisão. Haldeman descreve o momento na Flórida em que Kissinger estava enraivecido porque o jornal *New York Times* havia publicado parte da verdade sobre a Indochina:

> Henry ligou de Key Biscayne para J. Edgar Hoover, em Washington, numa manhã de maio, quando a história apareceu no *Times*.
> De acordo com os registros da ligação de Hoover, Henry disse que a história havia utilizado "informações secretas que eram extremamente danosas". Henry continuou dizendo a Hoover que ele "imaginava se eu poderia descobrir de onde tinham vindo as informações... e para empregar todos os recursos de que eu precisasse para descobrir quem havia feito isso. Eu lhe disse que trataria disso imediatamente".
> Henry não era nenhum idiota, é claro. Ele ligou para Hoover algumas horas mais tarde para lembrá-lo de que a investigação deveria ser feita discretamente, "de forma que nenhum detalhe da história escapasse". Hoover deve ter-se divertido; mas concordou. E até às cinco horas ele estava de volta ao telefone com Henry para relatar que o repórter do *Times* "pode ter conseguido parte da informação no sudoeste da Ásia, no setor de Assuntos Públicos do Departamento de Defesa". Mais especificamente, Hoover sugeriu que a fonte poderia ser um homem chamado Mort Halperin [da equipe de Kissinger] e outro que trabalhava na agência de análise de sistemas... De acordo com os registros de Hoover, Kissinger esperava que "Eu desse prosseguimento até quando fosse possível, e eles iriam destruir quem quer que tivesse feito isso se pudessem encontrá-lo, não importa onde estivesse".

A última linha nos dá a precisa idéia da expressão de ódio de Henry, de acordo com o que me lembro.

> Ainda assim, Nixon estava 100% atrás dos grampos. E eu estava também. E assim o programa começou, inspirado pela raiva de Henry, mas ordenado por Nixon, que em breve o ampliou mesmo para incluir jornalistas. Posteriormente, 17 pessoas foram grampeadas pelo FBI, incluindo sete pessoas do CSN de Kissinger e três da equipe da Casa Branca.

E, dessa forma, foram criados os "grampos" e o desrespeito à lei e à democracia norte-americana que eles inauguraram. Comentando sobre o lamentável fim desse processo, Haldeman escreveu que ele ainda acreditava que o ex-presidente Nixon (que estava vivo então) deveria concordar em liberar o restante das fitas, mas

> Dessa vez meu ponto de vista aparentemente não é compartilhado pelo homem que foi o motivador e decidiu iniciar o processo de grampos. Henry Kissinger está determinado a impedir que as fitas venham ao conhecimento do público....
> Nixon insistiu que Kissinger era realmente quem mais tinha a perder se as fitas viessem a público. Henry aparentemente sentia que as fitas exporiam uma porção de coisas que lhe seriam muito prejudiciais publicamente.
> Nixon disse que ao fazer o acordo para a guarda dos papéis presidenciais, anunciado depois de seu perdão e então rejeitado pelo Congresso, foi Henry que ligou para ele e insistiu no direito de Nixon de destruir as fitas. Isso foi, naturalmente, o fato que destruiu o acordo.

Uma sociedade que tenha sido "grampeada" tem o direito de exigir que aqueles que a grampearam sejam obrigados a fazer alguma restituição como forma de revelar todos os fatos. O litígio para tornar públicas as fitas de Nixon está somente parcialmente concluído; nenhum acerto de contas confiável dos anos no Vietnã será finalizado até que a participação de Kissinger tenha se tornado completamente transparente. Até essa data, o papel de Kissinger na violação da lei norte-americana, no final da guerra do Vietnã, faz a contrapartida perfeita às ações secretas que o auxiliaram a chegar ao poder em primeiro lugar. Esses dois intervalos incluem uma série de crimes de guerra premeditados que ainda têm o poder de surpreender nossa imaginação.

BANGLADESH: GENOCÍDIO, GOLPE E ASSASSINATO

Os anais da diplomacia norte-americana contêm inúmeras páginas de humanismo que podem, e deveriam, ser contrapostas a alguns dos sórdidos e desencorajadores movimentos registrados nestas páginas. Podemos citar os despachos extraordinários de 1915, do embaixador Henry Morgenthau de seu posto na Turquia otomana, no qual empregou relatórios consulares e da inteligência para informar brevemente sobre o massacre deliberado da minoria armênia promovido pelo Estado: o primeiro genocídio do século XX. (A palavra "genocídio" ainda não havia sido cunhada; o embaixador Morgenthau teve de recorrer a um termo, de certa maneira mais expressivo: "assassinato de raça".)

Em 1971, a palavra "genocídio" já era facilmente entendida. Saltava aos olhos num telegrama de protesto do consulado dos Estados Unidos, do que era então o Paquistão Oriental – a região bengali do estado muçulmano do Paquistão, conhecido por seus irrequietos habitantes nacionalistas pelo nome de Bangladesh. O telegrama foi escrito em 6 de abril de 1971 e seu principal signatário, Archer Blood, o cônsul geral de Dacca, a capital bengali. Mas poderia ter-se tornado conhecido como o telegrama sangrento[18]. Também enviado diretamente a Washington, diferia do documento de Morgenthau em um aspecto. Não era tanto um relatório sobre genocídio, mas sim uma denúncia da cumplicidade do governo dos Estados Unidos nele. A parte principal dizia o seguinte:

> Nosso governo não denunciou a supressão da democracia. Nosso governo falhou ao não denunciar tais atrocidades. Nosso governo não tomou medidas para fazer pressão e proteger seus cidadãos, além de ignorar a necessidade

---

[18] Provavelmente ligando o nome do cônsul – Blood (sangue) – ao episódio violento.

de aplacar o governo dominado do Paquistão Ocidental e diminuir qualquer merecido impacto negativo das relações públicas internacionais contra eles. Nosso governo tem testemunhado o que muitos irão considerar uma falência moral, ironicamente no momento em que a União Soviética enviou ao presidente Yahya Khan uma mensagem defendendo a democracia, condenando a prisão do líder de um partido minoritário democraticamente eleito, incidentalmente pró-Ocidente, clamando pelo fim de medidas repressivas e derramamento de sangue... Mas nós escolhemos não intervir, mesmo moralmente, tomando por base o conflito de Awami, ao qual infelizmente o elaborado termo "genocídio" se aplica, e considerando o fato uma questão de soberania interna do Estado. Os cidadãos norte-americanos expressaram seu repúdio. Nós, como funcionários públicos profissionais, expressamos nosso descontentamento com a política atual e desejamos profundamente que nossos verdadeiros e duradouros interesses aqui possam ser definidos e nossas políticas, redirecionadas.

Foi assinado por vinte membros do corpo diplomático dos Estados Unidos em Bangladesh e por mais nove oficiais graduados na divisão do sul da Ásia, ao chegar ao Departamento de Estado. Foi a *démarche* mais conhecida, e a mais expressiva já registrada, dos funcionários do Departamento de Estado aos seus superiores.

As circunstâncias mais que justificaram o protesto. Em dezembro de 1970, a elite militar paquistanesa havia permitido as primeiras eleições abertas depois de dez anos. O pleito foi facilmente ganho pelo xeique Mujibur Rahman, líder da Liga Awami baseada em Bengali, que obteve ampla maioria na Assembléia Nacional. (Só no leste, conseguiu 167 de 169 cadeiras.) Isso, entre outras coisas, significou um desafio à hegemonia política e militar da "ala" oeste. A assembléia nacional deveria reunir-se em 3 de março de 1971. Em 1º de março, o general Yahya Khan, cabeça do suposto regime militar que deixava o poder, adiou sua convenção. Isso resultou em protestos de massa e desobediência civil não violenta no leste.

Em 25 de março, o exército paquistanês atacou Dacca. Depois de prender e seqüestrar Rahman, levaram-no ao Paquistão Ocidental, e começaram o massacre aos que o apoiavam. A imprensa estrangeira havia sido antecipadamente expulsa da cidade, mas muito das evidências diretas do que aconteceu então foi fornecido por meio de um transmissor de rádio pelo consulado dos Estados Unidos. O próprio Archer Blood transmitiu o relato de um episódio diretamente ao Departamento de Estado e ao CSN de Henry Kissinger. Tendo preparado a emboscada, os soldados paquistaneses incendiaram o dormitório feminino da universidade e dizimaram as ocupantes com metralhadoras enquanto tentavam escapar. (As metralhadoras, juntamente com outras armas, haviam sido fornecidas pelos programas de assistência militar dos Estados Unidos.)

Outros relatórios, repletos de evidências, foram fornecidos ao *Times* de Londres e ao *Sunday Times* pelo corajoso repórter Anthony Mascarhenas, e se espalharam causando horror ao mundo. Estupros, assassinatos, mutilações e infanticídios foram empregados como métodos deliberados de repressão e intimidação. Pelo menos 10 mil civis foram trucidados nos três primeiros dias. A eventual contagem das mortes de civis nunca foi calculada em menos de meio milhão e, no máximo, três milhões. Uma vez que quase todos os cidadãos hindus estavam em risco por definição pelo chauvinismo militar paquistanês (não que os correligionários paquistaneses muçulmanos fossem poupados), milhões de refugiados – talvez cerca de dez milhões – começaram a cruzar a fronteira indiana. Resumindo: primeiro, a negação direta de uma eleição democrática; segundo, o desencadeamento de uma política genocida; terceiro, a criação de uma crise internacional muito perigosa. Num curto período de tempo, o embaixador Kenneth Keating, o mais influente diplomata norte-americano em Nova Délhi, havia se unido aos dissidentes. Era tempo, dizia Washington, de se opor com base em princípios contra os autores dessa agressão e atrocidade, para obter os melhores resultados. Keating, um ex-senador de Nova York, utilizou uma sugestiva frase em seu telegrama de 29 de março de 1971, incitando a administração a "prontamente divulgar e, acima de tudo, deplorar essa brutalidade". Era "muito importante que essas ações sejam tomadas agora," ele alertou, "antes da inevitável e iminente emergência de terríveis verdades".

Nixon e Kissinger agiram rapidamente. Isso quer dizer, Archer Blood foi imediatamente deposto de seu cargo, e o embaixador Keating foi descrito pelo presidente a Kissinger, com desdém, como se tivesse sido "tomado pelos indianos". No final de abril de 1971, no clímax do genocídio, Kissinger enviou uma mensagem ao general Yahya Khan, agradecendo-lhe por "sua delicadeza e seu tato".

Sabemos agora de uma razão pela qual o general tenha sido tão favorecido, quando ele e seus protetores foram responsabilizados pelos mais atrozes crimes de guerra e crimes contra a humanidade. Em abril de 1971, um time de pingue-pongue dos Estados Unidos

82 O JULGAMENTO DE KISSINGER

havia aceitado um convite-surpresa para competir em Pequim, e, ao final daquele mês, usando o embaixador paquistanês como intermediário, as autoridades chinesas haviam encaminhado uma carta a Nixon para enviar um emissário. Dessa forma havia um motivo de *realpolitik* para a vergonha que Nixon e Kissinger acarretaram ao próprio país pela sua cumplicidade no extermínio dos bengali.

Aqueles que gostam de alegar *realpolitik* devem, entretanto, considerar algumas circunstâncias posteriores. Já existia, e por algum tempo, um canal informal entre Washington e Pequim. Passava pela Romênia de Nicolau Ceausescu – uma escolha não muito edificante, mas ainda não tida como criminosa. Para uma pessoa séria como Chou En Lai, não havia nenhuma razão para restringir os contatos a um canal direto, possibilitado por um déspota banhado em sangue (e de vida curta) como o "delicado e sensível" Yahya Khan. Em outras palavras, ou Chou En Lai queria contato ou não. Como Lawrence Lifschultz, o mais importante historiador desse período, colocou:

> Winston Lord, representante de Kissinger no CSN, enfatizou aos investigadores a lógica intrínseca desenvolvida nos mais altos escalões da administração. Lord disse [ao pessoal do Carnegie Endowment for International Peace[19]]: "Nós tivemos que demonstrar para a China que éramos um governo confiável. Tínhamos de mostrar à China que respeitamos um amigo comum". Como se, depois de duas décadas de beligerante animosidade com a República Popular, um mero apoio ao Paquistão na sua sangrenta guerra civil pudesse demonstrar à China que os Estados Unidos "eram um governo confiável". Esta era uma proposta fantasiosa, que mesmo os mais cínicos observadores dos eventos, tanto dentro como fora do governo norte-americano, consideraram uma desculpa, justificando a simples conveniência do elo Islamabad – um elo que Washington não tinha nenhum grande desejo de mudar.

O conhecimento deste segredo diplomático e os privilégios que o acompanham obviamente liberaram o general paquistanês de restrições que talvez o estivessem inibindo. Ele disse às suas relações mais próximas, incluindo seu ministro de informação, G.W. Choudhury, que seus contatos com Washington e Pequim o protegeriam. Choudhury escreveu mais tarde: "Se Nixon e Kissinger não tivessem lhe dado falsas esperanças, ele teria sido mais realista". Dessa forma, o conluio com ele na questão da China *aumenta* a cumplicidade direta de Nixon e Kissinger nos massacres. (Existe uma outra consi-

---

[19] Instituição privada, sem fins lucrativos, fundada em 1910 por Andrew Carnegie para promover a cooperação internacional entre as nações.

BANGLADESH: GENOCÍDIO, GOLPE E ASSASSINATO 83

deração fora do escopo deste livro: por que Kissinger restringiu sua diplomacia com a China aos canais fornecidos por regimes autoritários e totalitários? Não seria uma diplomacia aberta mais fácil? A resposta – que também se encontra fora do escopo deste livro – é que essa atitude sorrateira era essencial para que Nixon e Kissinger pudessem receber louvores.)

Não se pode argumentar, de qualquer modo, que salvaguardar a correspondência particular de Kissinger com a China mereceria o sacrifício deliberado de centenas de milhares de civis bengali. E – o que é ainda pior – revelações posteriores e mais completas nos permitem agora duvidar de que fosse esse, de fato, o motivo. A política de Kissinger em relação a Bangladesh pode bem ter sido conduzida para seu próprio benefício, como um modo de gratificar o ânimo do seu chefe contra a Índia, procurando evitar a emergência de Bangladesh como um Estado autônomo.

O termo diplomático *tilt* – que significa uma mistura de sinais, nuances e códigos que descrevem uma determinada preferência de política estrangeira, que talvez seja muito embaraçosa para ser admitida abertamente – foi o que de fato originou esse terrível episódio. Em 6 de março de 1971, Kissinger convocou uma reunião no CSN e – *antes* da crise nas relações entre Paquistão Oriental e Ocidental, que era então palpável e previsível para os que acompanhavam o caso – insistia que nenhuma ação antecipada deveria ser tomada. Ele se opôs fortemente aos presentes que sugeriram que fosse dado um alerta ao general Yahya Khan para honrar os resultados das eleições. Kissinger, após retornar da China em julho, começou a falar de maneira quase maoísta sobre uma conspiração soviético-indiana para desmembrar e mesmo anexar parte do Paquistão, o que forçaria a China a intervir a favor do último. (Perseguindo esta fantasia de confronto, ele perturbou o almirante Elmo Zumwalt, ordenando que movesse o porta-aviões *USS Enterprise* da costa do Vietnã para a baía de Bengali, sem nenhuma missão definida.) Mas nenhum analista do Departamento de Estado ou da CIA foi encontrado para subscrever essa solicitação bizarra e, numa reunião do grupo de revisão, Kissinger perdeu a paciência com essa insubordinação. "O presidente sempre disse para favorecer o Paquistão, mas toda proposta que eu obtenho aponta na direção oposta. Às vezes eu acho que estou num hospício." E a Casa Branca de Nixon estava

84 O JULGAMENTO DE KISSINGER

de fato prestes a se tornar exatamente isso, mas seus ouvintes somente tiveram tempo de notar que uma nova forma de poder e conspiração havia se instalado em Washington.

"O presidente sempre disse para favorecer o Paquistão." Isso pelo menos era verdade. Muito antes de sua concepção sobre uma "diplomacia chinesa", na verdade mesmo durante os anos em que vociferava contra a "China vermelha" e seus simpatizantes, Nixon detestava o governo da Índia e expressava simpatia pelo Paquistão. Muitos dos seus biógrafos e relações próximas, incluindo Kissinger, lembram-se do particular desagrado que ele sentia (mais justificável, talvez) pela pessoa de Indira Gandhi. Ele sempre se referiu a ela como "aquela vaca", e, numa determinada ocasião, a manteve esperando por 45 minutos fora dos portões da Casa Branca. Entretanto, o desagrado teve origem com o ódio de Nixon pelo pai dela, Pandit Nehru, juntamente com um ódio generalizado pela apadrinhagem de Nehru – com Makarios, Tito e Sukarno – dos movimentos não-alinhados. Não há dúvida de que, com ou sem um aval da China, o general Yahya Khan teria apreciado uma audiência amigável, e um tratamento de mesmo nível por parte desse presidente, e, conseqüentemente, desse conselheiro de segurança nacional.

Isso também é bastante provável pela conduta subseqüente de Kissinger, como secretário de Estado, em relação a Bangladesh, como país, e em relação ao xeique Mujib, líder da liga Awami e pai da independência de Bangladesh, como político. Infatigáveis hostilidade e descaso foram os elementos-chave em ambos os casos. Kissinger havia recebido duras críticas da imprensa, tendo sido até mesmo zombado por conta da condução da crise de Bangladesh, o que estragou de certa forma sua recepção na China. Ele ressentiu-se contra os habitantes de Bangladesh e seu líder, e até comparou Mujib a Allende (segundo seu auxiliar Roger Morris).

Assim que Kissinger se tornou secretário de Estado em 1973, rebaixou todos aqueles que haviam assinado o protesto contra o genocídio em 1971. No outono de 1974, ele fez uma série de afrontas a Mujib, então em sua primeira visita aos Estados Unidos como chefe de Estado. Em Washington, Kissinger boicotou a reunião de quinze minutos que Mujib teria com o presidente Ford. Ele também se opôs à principal solitação de Mujib, que era de um carregamento emergencial de grãos dos Estados Unidos e alguma ajuda com o alívio da dívida, para poder recuperar o país tão devastado pelo amigo e aliado de Kissinger. Citando Roger Morris novamente: "Segundo o ponto de vista de Kissinger, havia uma atitude de manter-se distante deles. Uma vez que tiveram a audácia de tornar-se independentes de um de seus Estados clientes, eles que se danassem e vagassem sozinhos por uns tempos". Foi nessa época que se ouviu Kissinger referir-se a Bangladesh como "um caso de cesta de lixo internacional", um juízo que se mostrou verdadeiro por ação do próprio Kissinger.

Em novembro de 1974, num breve *tour* para salvar aparências naquela região, Kissinger esteve por oito horas em Bangladesh, quando deu uma coletiva de imprensa em que se recusou a dizer por que havia enviado o *USS Enterprise* para a baía de Bengali três anos antes. Depois de poucas semanas de sua partida, sabemos agora, uma facção na embaixada dos Estados Unidos em Dacca começou a reunir-se secretamente com um grupo de oficiais de Bangladesh que estava planejando um golpe contra Mujib. Em 14 de agosto de 1975, Mujib e quarenta homens de sua família foram assassinados numa rebelião militar. Suas relações políticas mais antigas e próximas foram mortas com baionetas nas celas da prisão alguns meses depois disso.

O comitê das relações exteriores do Senado estava naquela época conduzindo seus sensacionais inquéritos sobre o envolvimento da CIA nos assassinatos e na subversão no terceiro mundo. O conceito de "dois trilhos", pelo qual um embaixador norte-americano, como Ed Korry no Chile, poderia descobrir que os funcionários da inteligência e adidos militares o estavam traindo, com autorizações secretas de Washington, e fazendo seu próprio *show*, ainda não havia se tornado freqüente. Entretanto, exaustivas pesquisas realizadas por Lawrence Lifschultz da Universidade de Yale sugerem fortemente agora que um esquema de "dois trilhos" foi implementado em Bangladesh também.

O homem instalado como presidente de Bangladesh pelos jovens oficiais que haviam assassinado Rahman era Khondakar Mustaque, identificado como o líder de um elemento de direita, dentro da Liga Awami. Foi difícil para ele dizer que o golpe o havia surpreendido, e que os jovens oficiais que haviam liderado o golpe – major Farooq, major Rashid e quatro outros, na liderança de um destacamento que somava apenas trezentos homens – haviam "agido por conta própria". Ele acrescentou que nunca havia encontrado os oficiais do motim antes. Tais negativas eram, é claro, habituais e quase uma questão de etiqueta. E assim eram as declarações provenientes de Washington, que invariavelmente alegavam que este ou aquele levante político havia tomado o mais poderoso sistema de inteligência do mundo de surpresa. Essa afirmação, também já esperada, foi feita logo após os assassinatos em Dacca.

A história de cobertura (podemos chamá-la de versão coincidente) faz água por todos os lados e não resiste à mais leve inspeção. O major Rashid foi entrevistado por Anthony Mascarhenas, o heróico jornalista da guerra de Bangladesh, no aniversário do golpe. Ele confirmou que havia conhecido Mustaque e os motinados seis meses antes da derrubada de Mujib[20].

O embaixador dos Estados Unidos em Dacca, Davis Eugene Booster, sabia que um golpe estava sendo tramado. Também sabia das audiências altamente contraditórias no Congresso em Washington, que tinham revelado muitos delitos do alto comando e arruinado a carreira de muitos funcionários descuidados a serviço no exterior. Ele ordenou que todo contato entre sua embaixada e os oficiais amotinados fosse interrompido. Dessa maneira, seu alarme e sua perturbação, em 14 de agosto de 1975, foram ótimos. Os homens que haviam tomado o poder eram exatamente aqueles com quem Booster havia ordenado que se interrompessem os contatos. As fontes da embaixada confirmaram para Lifschultz (a) que representantes dos Estados Unidos haviam sido abordados, e não haviam, de forma nenhuma, desencorajado os oficiais que pretendiam dar o golpe, e (b) que o embaixador Booster se convenceu de que sua unidade da CIA estava operando um canal secreto sem o seu conhecimento. Tal operação não faria sentido e também seria demasiadamente arriscada se não se estendesse em direção a Washington, onde, como se sabe agora, as tramas do Comitê Quarenta e do CSN eram orquestradas pela mesma pessoa.

Philip Cherry, o então chefe da unidade da CIA em Bangladesh, foi entrevistado por Lifschultz em setembro de 1978. Ele foi vago e evasivo, mesmo sobre o cargo ocupado, mas disse: "Existem políticos

---

[20] Em dezembro de 2000, os responsáveis pelos assassinatos foram condenados por uma corte em Bangladesh e (erroneamente em minha opinião) sentenciados à morte. Alguns dos acusados não puderam ser condenados, pois haviam se refugiado nos Estados Unidos – feito quase impossível para um imigrante bengali comum. (N.A.)

BANGLADESH: GENOCÍDIO, GOLPE E ASSASSINATO 87

que com freqüência abordam embaixadas, e talvez tenham contatos lá". A mudança de oficial para político é sugestiva. E, naturalmente, aqueles que acreditam na possibilidade de ter contatos podem mesmo agir como se os tivessem, a menos que sejam avisados do contrário.

Não somente Khondakar Mustaque *julgava* ter relações com o governo norte-americano, até com o próprio Henry Kissinger, como de fato tinha desde 1971. Em 1973, em Washington, e depois da revolta sem precedentes de diplomatas profissionais contra a política de Kissinger em Bangladesh, o Carnegie Endowment for Internacional Peace (editor da revista *Foreign Policy*) conduziu um estudo completo da "tendência" que havia posto os Estados Unidos ao mesmo lado daqueles que executaram o genocídio. Mais de 150 funcionários graduados do Departamento de Estado e da CIA concederam entrevistas. O estudo foi coordenado por um ex-assistente de Kissinger, Roger Morris. O resultado do inquérito de nove meses nunca veio a público por conta das diferenças internas no Carnegie, mas o material foi disponibilizado para Lifschultz e realmente estabelece uma conclusão indubitável.

Em 1971, Henry Kissinger havia tentado o impossível para dividir a Liga Awami, eleita vitoriosamente, e enfraquecer seu desejo de independência. Na tentativa de obter esse favor do general Yahya Khan, ele iniciou uma abordagem secreta a Khondakar Mustaque, líder de uma minúscula minoria que poderia contribuir nesse sentido. Num "memorando para arquivo" liberado recentemente há detalhes de uma reunião na Casa Branca entre Nixon, Kissinger e outros, em 11 de agosto de 1971, na qual o subsecretário de Estado John Irwin relatou: "Recebemos relatórios nos últimos dias sobre a possibilidade de alguns líderes da Liga Awami em Calcutá quererem negociar com Yahya sobre uma possível desistência de sua reivindicação pela independência do Paquistão Oriental". Isso só pode ser uma referência ao governo provisório de Bangladesh fundado no exílio, em Calcutá, após os massacres, e também uma tentativa de lograr sua liderança. As conseqüências dessa abordagem desajeitada levaram à exposição de Mustaque e à sua prisão domiciliar em outubro de 1971. Uma década mais tarde, o assessor político norte-americano que o contatou, George Griffin, teve seu nome registrado pela embaixada norte-americana em Nova Délhi como *persona non grata*.

Os envolvidos nas preparações militares do golpe disseram a Lifschultz que também tinham uma política de "dois trilhos". Havia oficiais não-graduados prontos para o motim e um oficial graduado – o futuro ditador general Zia – que estava pronto, mas um pouco mais hesitante. As duas facções obviamente confirmaram os contatos norte-americanos de antemão, e receberam como resposta que derrubar Mujib "não seria um problema". Isto foi parcialmente confirmado por uma carta assinada pelo congressista Stephen J. Solarz, do Comitê de Assuntos Externos da Câmara, que concordou em investigar o assunto para Lifschultz, em 1980, e que em 3 de junho daquele ano lhe escreveria o seguinte: "Com respeito às reuniões da embaixada no período de novembro de 1974 a janeiro de 1975 com opositores do regime Rahman, o Departamento de Estado, uma vez mais, não nega que as reuniões aconteceram". Isso pareceria negar a evidência do senhor Cherry da CIA, mesmo com o prosseguimento da carta: "O departamento alega ter notificado Rahman sobre as reuniões, inclusive alertando sobre a possibilidade de um golpe". Se isso for verdade, essa "alegação" está sendo feita pela primeira vez, e em nome do homem que foi assassinado durante o golpe e não pode contradizê-la. De qualquer maneira, admitir o fato tem mais peso do que a própria alegação.

O congressista Solarz encaminhou as questões sobre o envolvimento da CIA ao escritório do congressista Les Aspin do comitê seleto permanente de inteligência, que, segundo ele, "tinha melhores chances de obter acesso ao trâmite de telegramas da CIA e às figuras relevantes na comunidade de inteligência". Mas, de alguma forma, a carta enviada se extraviou pelo caminho e nunca foi recebida pelo comitê responsável pelas investigações. Logo depois, o poder em Washington passou das mãos de Jimmy Carter para as de Reagan.

Somente a reabertura de um inquérito do Congresso com poderes para intimar envolvidos poderia determinar se havia alguma conexão direta, além das evidentes fornecidas pelo Departamento de Estado e confirmadas por meio de recorrentes depoimentos confiáveis, entre a diplomacia genocida secreta de 1971 e a diplomacia secreta e desestabilizante de 1975. A tarefa de desacreditar tal conexão, por enquanto, parece estar nas mãos dos que crêem ter sido tudo um acidente.

CHILE

Numa famosa expressão sobre seu desprezo pela democracia, Kissinger disse uma vez que não via nenhuma razão para permitir que qualquer país "se tornasse marxista" só porque "seu povo era irresponsável". O país em questão era o Chile, que, na época desse comentário, era reputado como a mais alta democracia pluralista desenvolvida no hemisfério sul das Américas. O pluralismo traduziu-se nos anos da Guerra Fria em um eleitorado que votou cerca de um terço em conservadores, um terço em socialistas e comunistas e um terço na democracia cristã e centrista. Isso tornava relativamente fácil manter o elemento marxista fora do poder, e desde 1962 a CIA havia, como tinha feito na Itália e em outras nações comparáveis, se contentado em fornecer fundos para os elementos confiáveis. Em setembro de 1970, entretanto, o candidato da esquerda ganhou por ligeira vantagem, obtendo 36,2% dos votos nas eleições presidenciais. Divisões na direita, e a adesão de alguns partidos menores e radicais e partidos cristãos à esquerda, tornou certo que o Congresso chileno, depois dos tradicionais sessenta dias de recesso, confirmaria o doutor Salvador Allende como o próximo presidente. Mas mesmo o nome de Allende era um anátema para a extrema direita no país, para certas corporações poderosas (notadamente ITT, Pepsi-Cola e Chase Manhattan Bank) que tinham negócios no Chile e nos Estados Unidos, e para a CIA.

Esse ódio foi rapidamente comunicado ao presidente Nixon. Ele era pessoalmente grato a Donald Kendall, presidente da Pepsi-Cola, que lhe havia passado sua primeira conta corporativa quando Nixon era então um jovem advogado numa firma de John Mitchell em Nova York. Uma série de reuniões em Washington, realizadas onze dias depois da vitória eleitoral de Allende, definiu essencialmente o destino da democracia chilena. Depois de discutir com Kendall e com David Rockefeller, do Chase Manhattan, e com o diretor da CIA, Richard Helms, Kissinger foi com Helms para o salão oval. As notas de Helms dessas reuniões mostram que Nixon não perdeu tempo para fazer com que seus desejos fossem conhecidos. Allende não deveria assumir o governo. "Não está preocupado com os riscos envolvidos. Nenhum envolvimento da embaixada. US$ 10 milhões disponíveis, mais, se necessário. Emprego de tempo integral – os melhores homens que temos... Faça a economia gritar. 48 horas para um plano de ação."

Documentos liberados mostram que Kissinger – que jamais havia conhecido ou se preocupado com o Chile – descreveu-o de maneira desrespeitosa como "um punhal apontado para o coração da Antártica", aproveitando a oportunidade para impressionar seu chefe. Um grupo foi fundado em Langley, Virgínia, com o propósito expresso de acionar uma política de "dois trilhos" para o Chile: uma de diplomacia ostensiva e outra – desconhecida do Departamento de Estado ou do embaixador norte-americano no Chile, Edward Korry – de uma estratégia de desestabilização, rapto e assassinato, desenvolvida para provocar um golpe militar.

Havia obstáculos a longo e curto prazo para a incubação de tal intervenção, especialmente no breve intervalo disponível antes que Allende fizesse seu juramento. O obstáculo de longo prazo era a tradição de abstenção militar da política no Chile, uma conduta que distinguia o país de seus vizinhos. Tal cultura militar não podia ser degradada da noite para o dia. O obstáculo de curto prazo repousava na pessoa de um homem – general René Schneider. Como chefe do gabinete do general chileno, ele se opunha ferozmente a qualquer mediação militar no processo eleitoral. Assim, foi decidido numa reunião, em 18 de setembro de 1970, que o general Schneider tinha de partir.

O plano era fazer com que fosse raptado por oficiais extremistas, de tal maneira que parecesse ter sido realizado por elementos de esquerda e pró-Allende. A confusão resultante, assim se esperava, causaria pânico no Congresso chileno e faria com que negassem a presidência a Allende. Um total de US$ 50 mil foi oferecido na capital chilena, Santiago, para qualquer oficial ou quaisquer oficiais capacitados o suficiente para assumir tal tarefa. Richard Helms e seu diretor

CHILE 91

de ações secretas, Thomas Karamessines, disseram a Kissinger que eles não estavam muito otimistas. Os círculos militares estavam hesitantes e divididos, ou ainda eram leais ao general Schneider e à constituição chilena. Como Helms colocou em uma futura avaliação da conversa: "Nós tentamos esclarecer para Kissinger como era pequena a possibilidade de sucesso". Kissinger foi enfático ao responder que pressionassem de qualquer maneira.

Devemos fazer aqui uma pausa para recapitular. Um assessor norte-americano está se reunindo, sem o conhecimento ou a autorização do Congresso, para planejar o rapto de um oficial graduado que respeita a constituição, em um país democrático com o qual os Estados Unidos não estão em guerra, e com o qual mantêm relações diplomáticas cordiais. As minutas das reuniões podiam ter uma aparência oficial para eles (embora tivessem permanecido escondidas da luz do dia por muito tempo), mas o que eles estavam revendo era um "ataque" – um golpe de terrorismo de Estado.

O embaixador Korry testemunhou ter dito à sua equipe na embaixada não ter nada a ver com um grupo que se autodenominava Pátria y Libertad (Pátria e Liberdade), um grupo de orientação fascista que tentava desafiar os resultados das eleições. Ele enviou três telegramas a Washington alertando seus superiores de que não tinha nada a ver com eles. Ele desconhecia que seus próprios adidos militares houvessem recebido instruções para contatar o grupo sem o seu conhecimento. E quando o presidente que estava deixando o poder, o democrata cristão Eduardo Frei, anunciou que se opunha a qualquer intervenção norte-americana e votaria para confirmar o presidente legalmente eleito, foi exatamente para essa gangue que Kissinger se voltou. Em 15 de outubro de 1970, Kissinger recebeu a informação de um oficial de extrema direita, o general Roberto Viaux, que tinha laços com o Pátria y Libertad, que desejava aceitar a missão secreta norte-americana de remover o general Schneider de seu posto. O termo "rapto" ainda se empregava nesse momento, e ainda é bastante empregado. Entretanto, o grupo de "dois trilhos" de Kissinger autorizou o fornecimento de metralhadoras e granadas de gás lacrimogênio para o pessoal de Viaux, e parece que nunca disseram o que deveriam fazer com o general depois que o raptassem.

Deixemos que os documentos contem a história. Um telegrama da CIA para o grupo "dois trilhos" de Kissinger de Santiago, datado de

92 O JULGAMENTO DE KISSINGER

18 de outubro de 1970, diz o seguinte (com os nomes riscados à mão por motivos de segurança e para acobertar identidades pelo zeloso serviço de redação – indicados pelos meus colchetes):

1. [Colaborador da unidade] se encontrou clandestinamente noite 17 de outubro com [dois oficiais das forças armadas chilenas] que relataram que seus planos estavam se desenvolvendo melhor do que pensavam ser possível. Pediram que até a noite de 18 outubro [colaborador] fornecesse a eles oito a dez granadas de gás lacrimogênio. Em 48 horas eles precisam de três metralhadoras frias[21], calibre 45, com quinhentos cartuchos de munição cada uma. [Um oficial] comentou que tem três metralhadoras suas, mas que poderiam ser identificadas pelo número de série, portanto incapaz de utilizá-las.

2. [Oficiais] disseram que precisam agir pois acreditam estar agora sob suspeita e sendo observados pelos colaboradores de Allende. [Um oficial] chegou atrasado à reunião, pois teve de escapar de possível perseguição por um ou dois táxis com duas antenas, que acreditava serem usados pela oposição contra ele.

3. [Colaborador] perguntou se [oficiais] tinham contatos na força aérea. Eles respondem que não, mas que gostariam de ter um. [Colaborador] separadamente tem buscado contatar [um general da Força Aérea chilena] e continuará tentando até conseguir. Irá insistir [general da Força Aérea] encontrar-se com [dois outros oficiais] tão logo quanto possível. [Colaborador] comentou com unidade que [general da Força Aérea] não tentou contatá-lo desde que mencionaram conversa.

4. [Colaborador] comentou: não pode dizer quem é o líder desse movimento mas suspeita fortemente que seja o almirante [apagado]. Parece que pelas ações [do contato deles] e supostas suspeitas de Allende sobre eles, se não agirem agora estarão perdidos. Tentando conseguir mais informações deles noite 18 outubro sobre suporte que acreditam ter.

5. Unidade planeja dar seis granadas de gás [chegando meio-dia, 18 outubro, por *courier*] para [colaborador] para entrega [oficiais das forças armadas] em vez de fazer com que [oficial falso] as entregue a Viaux. Achamos que [colaborador] está tratando com oficiais da ativa. Também [oficial falso] partindo noite 18 outubro e não será substituído, mas [colaborador] permanecerá aqui. Uma vez importante que credibilidade do [colaborador] com [oficiais das Forças Armadas] seja fortalecida pela pronta entrega do que estão pedindo. Solicito concordância da matriz até 15 horas, horário local, 18 outubro sobre decisão entrega de gás para [colaborador] ou [oficial falso].

6. Solicito pronto despacho três séries metralhadoras frias, calibre 45 e munição para 1 acima, por *courier* especial se necessário. Favor confirmar até 20 horas, horário local, 18 outubro que isso pode ser feito para [colaborador] poder informar contatos adequadamente.

---

[21] Armas frias: que têm o número de série riscado para impedir a identificação.

Na resposta, que é intitulada "SANTIAGO IMEDIATO (ALTAMENTE CON-FIDENCIAL [apagado])" e está datada de 18 de outubro, se lê:

> Submetralhadoras e munição sendo enviadas [apagado] por *courier* saindo Washington 7 horas, 19 de outubro, devendo chegar Santiago noite 20 de outubro ou manhã 21 de outubro. Preferimos utilizar *courier* regular [apagado] para não levantar suspeitas.

Uma outra mensagem, também endereçada a "Santiago 562", prosseguia assim:

> 1. Dependendo resultado conversa [colaborador] noite 18 de outubro você pode submeter relatório Intel [apagado] de forma que possamos decidir se deve ser divulgado.
> 2. Novo assunto. Se [colaborador] planeja liderar golpe ou se envolver ativa e publicamente, nos perguntamos por que deveria se preocupar com o fato de metralhadoras identificá-lo. Por que devem ser frias? Continuarei a me esforçar para fornecer a eles, mas acho que nossa credulidade exagerada pela [oficial] Marinha ao liderar suas tropas com armas frias? Qual o principal objetivo dessas armas? Tentaremos fornecer a eles mesmo que você não possa nos dar uma explicação.

A grande beleza dessa troca de telegramas não poderá ser apreciada se não lermos uma outra mensagem, datada de 16 de outubro. (Devemos lembrar que o Congresso chileno deveria confirmar Allende como presidente no dia 24 daquele mês.)

> 1. [Apagado/codinome escrito à mão Trickturn] política, objetivos e ações foram revisados pelo alto escalão do GEU [governo dos Estados Unidos] tarde 15 de outubro. Conclusões, que devem ser seu guia operacional, seguem:
> 2. A política é firme e contínua de que Allende seja derrubado por um golpe. Seria preferível que isso acontecesse antes de 24 de outubro, mas esforços para isso continuarão vigorosamente mesmo após essa data. Nós devemos continuar a fazer máximo de pressão com este fim utilizando todos recursos apropriados. *É imperativo que essas ações sejam implementadas clandestinamente e de forma segura para que o GEU e mão americana fiquem escondidos* [destaques do autor]. Isso nos obriga a um alto grau de seletividade ao fazer contatos militares. É imperativo que esses contatos sejam feitos da forma mais segura possível, mas não exclui contatos tais como relatado em Santiago 544 que são preciosos.
> 3. Depois da mais cuidadosa consideração foi determinado que uma tentativa de golpe com Viaux desenvolvida somente pelo grupo com as forças disponíveis no momento falharia. Dessa forma, seria contraproducente para nossos objetivos [apagado; escrito à mão "dois trilhos"]. Foi decidido que [apagado, escrito à mão "CIA"] enviará uma mensagem a Viaux, alertando-os sobre ação precipitada. Em essência, a mensagem é dizer o seguinte: "Recebemos seus planos, e baseados nas suas e nas nossas informações chega-

mos à conclusão de que seus planos para um golpe nesse momento não seriam bem-sucedidos. Se falhassem, reduziriam suas possibilidades para o futuro. Preservem seus recursos. Permaneceremos em contato. O tempo chegará quando vocês junto com todos seus amigos possam fazer alguma coisa. Vocês continuarão a contar com nosso apoio". Pedimos que você entregue uma mensagem a Viaux, como citado anteriormente. Nossos objetivos são os seguintes: (A) Alertar o grupo sobre nossa opinião e desencorajá-los a agir sozinhos; (B) Continuar a encorajá-los a ampliar seu planejamento; (C) Encorajá-los a reunir esforços com outros planejadores de golpe de forma que possam agir em conjunto antes ou depois de 24 de outubro. (NB: seis máscaras de gás e seis latas de munição estão sendo despachadas para Santiago por *courier* especial [apagado] tempo estimado de partida Washington: 11 horas, 16 de outubro.)

4. Existe grande e contínuo interesse nas atividades de Tirado, Canales, Valenzuela e outros e desejamos o máximo de sorte.

5. O descrito acima é seu guia de operações. Nenhuma outra política de orientações que você possa receber [indecifrável: Estado?] ou seu expositor máximo em Santiago no seu retorno devem alterar o seu percurso.

6. Por favor, revise todas as suas novas atividades presentes e possíveis para incluir propaganda, operações clandestinas, revelações ou informações falsas, contatos pessoais, ou qualquer outra coisa que lhe ocorra que lhe permitirão pressionar para atingir nosso [apagado] objetivo de maneira segura.

Finalmente, é essencial ler o "memorando de conversações" da Casa Branca datado de 15 de outubro de 1970, ao qual o telegrama acima se refere diretamente e do qual é o resumo mais fiel. Presentes às reuniões do mais alto nível do GEU estavam, como observado no cabeçalho: "Doutor Kissinger, senhor Karamessines, general Haig". O primeiro parágrafo de suas deliberações foi inteiramente apagado, sem nem sequer um rabisco na margem do serviço de redação. (Considerando-se o que já foi revelado, a leitura dessas vinte linhas apagadas deve valer a pena.) Começando do parágrafo dois, encontramos o seguinte:

2. Então o senhor Karamessines forneceu um relatório completo sobre Viaux, a reunião de Canales com Tirado, a última posição do segundo [depois que Porta foi liberado do comando por "motivo de saúde"] e detalhes da situação geral no Chile, considerando-se a·possibilidade do golpe.

3. Algumas informações nos foram fornecidas com relação ao suposto apoio dos militares chilenos a Viaux. Nós avaliamos as reivindicações de Viaux cuidadosamente, baseando nossa análise em boa inteligência de várias fontes. Nossa conclusão foi clara: Viaux não teria uma chance em vinte – talvez menos – de efetuar um golpe bem-sucedido.

4. As repercussões negativas, no Chile e internacionalmente, de um golpe malsucedido foram discutidas. Dr. Kissinger passou sua lista dessas possibili-

dades negativas. Seus itens eram espantosamente semelhantes aos que o senhor Karamessines havia preparado.

5. Foi decidido pelos presentes que a unidade deveria enviar uma mensagem a Viaux alertando-o sobre qualquer ação precipitada. Em resumo nossa mensagem era afirmar: "Nós recebemos seus planos, e baseados em suas informações e nas nossas chegamos à conclusão de que seus planos para um golpe no momento não seriam bem-sucedidos. Falhando, reduziriam suas possibilidades no futuro. Preservem seus recursos. Nós continuaremos em contato. O tempo chegará quando vocês e seus amigos poderão fazer alguma coisa. Vocês continuarão a contar com nosso apoio".

6. Depois da decisão de desativar o complô de golpe do Viaux, pelo menos temporariamente, dr. Kissinger instruiu o senhor Karamessines a preservar os recursos da unidade no Chile, trabalhando de forma clandestina e segura para manter a capacidade das operações contra Allende no futuro.

7. Dr. Kissinger discutiu seu desejo de que as palavras de encorajamento aos militares chilenos nas últimas semanas sejam mantidas da forma mais sigilosa possível. O senhor Karamessines afirmou enfaticamente que nós estávamos fazendo todo o possível nesse sentido, e mesmo utilizando oficiais falsos, reuniões em carros e todas as precauções imagináveis. Mas que a questão havia sido muito discutida recentemente por várias pessoas. Por exemplo, as discussões amplas do embaixador Korry com várias pessoas sobre a urgência de um golpe estão soltas no vento. [Três linhas apagadas aqui.] [Dr. Kissinger solicitou que uma cópia da mensagem fosse enviada a ele em 16 de outubro.]

8. A reunião foi finalizada com a observação de dr. Kissinger de que a unidade deveria continuar mantendo a pressão em cada ponto fraco de Allende: agora, depois de 24 de outubro, depois de 5 de novembro, e no futuro até o tempo em que ordens de marchar sejam dadas. O senhor Karamessines afirmou que a unidade fará o solicitado.

Portanto, havia duas facções do grupo "dois trilhos" em ação. Uma delas formada de ultras liderada pelo general Roberto Viaux e seu apoio, capitão Arturo Marshal. Esses homens haviam tentado um golpe em 1969 contra os democratas cristãos. Haviam sido rebaixados e eram desafetos mesmo dos conservadores no corpo de oficiais. A outra era uma facção mais "respeitável", liderada pelo general Camilo Valenzuela, chefe da guarnição na capital, cujo nome aparece nos telegramas citados e teve a identidade ocultada e "apagada" nos telegramas. Vários agentes da CIA no Chile sentiam que Viaux era "descontrolado" demais para merecer confiança. Como demonstra o memorando de 15 de outubro, Kissinger e Karamessines fizeram um julgamento posterior sobre Viaux, que até o dia 13 de outubro havia recebido US$ 20 mil em dinheiro de uma unidade da CIA e tinha a promessa de uma apólice de vida no valor de US$ 250 mil. Essa oferta foi autorizada diretamente pela Casa Branca. Entretanto, dias antes da posse de Allende, e com Nixon repetindo ser absolutamente essencial que a eleição do senhor Allende à presidência fosse impedida, a pressão no grupo de Valenzuela se tornou intensa. Como conseqüência direta, especialmente depois das calorosas palavras de encorajamento que haviam sido proferidas, o general Roberto Viaux sentiu-se na obrigação de fazer alguma coisa para mostrar seu valor àqueles que haviam duvidado dele.

Na noite de 19 de outubro de 1970, o grupo de Valenzuela, auxiliado por alguns membros da gangue de Viaux e equipado com granadas de gás lacrimogênio entregues pela CIA, tentou apanhar o general Schneider quando este saía de um jantar oficial. A tentativa falhou, pois ele havia saído num carro particular e não no veículo oficial esperado. O fracasso produziu um telegrama extremamente significativo ao quartel-general da CIA em Washington da unidade local, solicitando ação urgente porque "matriz deve responder durante manhã de 20 de outubro a perguntas do alto escalão". Pagamentos de US$ 50 mil ao general Viaux e seus associados foram então autorizados na condição de que fariam outra tentativa. Na noite de 20 de outubro, eles o fizeram. Mas novamente havia somente fracasso a relatar. Em 22 de outubro, as metralhadoras acima mencionadas foram entregues ao grupo de Valenzuela para uma outra tentativa. Mais tarde naquele mesmo dia, a gangue do general Viaux finalmente assassinou o general René Schneider.

De acordo com o veredicto das cortes militares chilenas, essa atrocidade contou com a participação de elementos dos dois grupos. Em outras palavras, Valenzuela não estava envolvido pessoalmente na cena do assassinato mas no esquadrão liderado por Viaux, formado pelos mesmos homens que haviam participado das duas tentativas precedentes. Viaux foi julgado culpado sob acusação de rapto e conspiração para causar o golpe. Valenzuela foi acusado de conspiração para causar o golpe. Assim, qualquer tentativa futura de distinguir os dois ataques, exceto em termos de grau, trata-se de uma distinção meramente inócua.

Pouco importa se Schneider foi assassinado porque um plano de rapto deu errado (segundo os assassinos, ele cometeu a temeridade de resistir), ou se porque o objetivo primeiro era seu assassinato. O relatório da polícia militar chilena descreve um assassinato. De acordo com as leis de qualquer país (incluindo os Estados Unidos), um crime cometido na tentativa de rapto é por isso agravado, e não atenuado. Não se pode argumentar, com um morto a seus pés, que "só estava tentando raptá-lo". Pelo menos, não se pode dizer isso quando se espera recorrer a circunstâncias atenuantes.

Ainda assim uma versão de "circunstâncias atenuantes" tornou-se a embalagem elegante com a qual Kissinger se protegeu da acusação de estar sendo cúmplice de seqüestro e assassinato. E essa triste história de cobertura encontrou até abrigo em arquivos escritos. O comitê de inteligência do Senado, em sua investigação sobre o assunto, concluiu que, desde que as metralhadoras fornecidas a Valenzuela não haviam sido utilizadas no rapto e no assassinato do general, e uma vez que o general Viaux tinha sido oficialmente desencorajado pela CIA alguns dias antes do assassinato, não havia portanto "nenhuma evidência de um plano para matar Schneider, ou de que os oficiais dos Estados Unidos anteciparam especificamente que o general seria morto durante o rapto".

Walter Isaacson, um dos biógrafos de Kissinger, analisa literalmente um memorando de Kissinger depois de sua reunião em 15 de outubro com Karamessines, no qual ele relata ao presidente haver "desligado" o complô de Viaux. Ele também contesta a reivindicação de que o atentado bem-sucedido de Viaux havia sido desautorizado.

Essas desculpas não resistem à lógica e são moralmente desprezíveis. Henry Kissinger tem responsabilidade direta pelo assassinato de Schneider, como os pontos a seguir demonstram:

1. Brian MacMaster, um dos agentes (falso oficial) mencionados no telegrama anterior, um homem de carreira da CIA, portando um passaporte colombiano falso, e dizendo representar interesses de negócios norte-americanos no Chile, contou sobre seus esforços na obtenção de "dinheiro para silenciar" membros presos do grupo Viaux, depois do assassinato e antes que pudessem implicar a unidade.

2. O coronel Paul M. Wimert, adido militar em Santiago e principal contato da CIA com a facção Valenzuela, testemunhou ter, depois da morte de Schneider, recobrado rapidamente os dois pagamentos de US$ 50 mil feitos a Valenzuela e seu parceiro e também as três metralhadoras frias. Dirigiu-se então rapidamente para a costa do Chile, para a cidade de Viña del Mar, e jogou

as metralhadoras no mar. Seu cúmplice nessa ação, o chefe da unidade da CIA, Henry Hecksher, havia assegurado a Washington, apenas dias antes, que Viaux *ou* Valenzuela seriam capazes de eliminar Schneider e, portanto, de desencadear o golpe.

3. Veja novamente o memorando de 15 de outubro, e a insistente forma literal com que foi retransmitido ao Chile. De nenhuma maneira "desliga" Viaux. Quando muito, incita-o – um fanático conhecido e arrogante – a redobrar seus esforços. "Preserve seus recursos. Nós continuaremos em contato. Virá o tempo em que você e seus amigos poderão fazer alguma coisa. Vocês continuarão a contar com o nosso apoio." Digamos que essa não tenha sido a melhor forma de desencorajá-lo. O restante do memorando fala simplesmente da intenção de "desencorajar Viaux a agir *sozinho*", de "continuar a *encorajar o grupo* a ampliar seu planejamento" e a "*encorajá-lo* a reunir forças com outros conspiradores para que possam agir em conjunto antes ou depois de 24 de outubro" [destaques do autor]. As últimas três previsões são inteiramente precisas, para não dizer premonitórias, descritivas do que Viaux realmente faria.

4. Consulte novamente o telegrama recebido por Henry Hecksher, em 20 de outubro, que se referia aos questionamentos ansiosos "do alto escalão" sobre o primeiro dos ataques frustrados a Schneider. Thomas Karamessines, quando questionado pelo comitê de inteligência do Senado sobre esse telegrama, testemunhou dizendo ter certeza de que o termo "alto escalão" fazia referência a Kissinger. Em todas as comunicações prévias de Washington, como um rápido exame no que foi relatado acima mostrará, esse era realmente o caso. Apenas isso seria suficiente para demolir a alegação de Kissinger ter "desligado" o "trilho dois" (e suas vias interiores) em 15 de outubro.

5. O embaixador Korry fez uma observação posterior de que Kissinger estaria tentando montar um álibi no caso de o grupo Viaux falhar. "Seu interesse não era no Chile, mas em quem iria ser culpado por aquilo. Ele queria que a culpa recaísse sobre mim. Henry não queria estar associado ao fracasso, e estava tentando criar um registro para acusar o Departamento de Estado. Ele me levou ao presidente porque queria que eu fizesse meu relato sobre Viaux, e assim facilitasse as coisas para ele."

O conceito de "negação"[22] ainda não era bem compreendido em Washington, em 1970, como se tornou depois. Mas fica claro que Henry Kissinger queria as duas coisas ao mesmo tempo: remover o general Schneider, quaisquer que fossem os meios e empregando qualquer um que se dispusesse a fazê-lo. (Nenhuma instrução jamais foi dada por Washington para deixar Schneider ileso; armas fatais foram enviadas por correio diplomático, e homens violentos foram cuidadosamente escolhidos para recebê-las.) Kissinger queria estar fora de cena ou encoberto em caso de fracasso. Estes são os motivos normais de alguém que encomenda ou contrata um assassinato. Kissinger precisava, entretanto, ainda mais do crime do que necessitava, ou era capaz de elaborar, da negação. Sem esperar que seus inúmeros documentos secretos sejam liberados ou venham a público, podemos dizer com segurança que ele é culpado em *prima facie* por conluio no assassinato de um oficial num país pacífico e democrático.

Não existe nenhuma necessidade específica de retomar a continuidade do papel da administração Nixon–Kissinger na subversão econômica e política e na desestabilização do governo Allende, e na criação de condições favoráveis para o golpe militar que ocorreu em 11 de setembro de 1973. O próprio Kissinger estava talvez não mais nem menos envolvido neste esforço do que qualquer outro alto funcionário da esfera da segurança nacional de Nixon. Em 9 de novembro de 1970, ele assinou o "Memorando da Decisão 93", do CSN, revisando a política em relação ao Chile no exato momento da posse de Allende. Várias medidas para promover um bloqueio econômico foram propostas (lembrem-se das instruções de Nixon para "fazer a economia gritar") com cortes em ajuda e investimentos. Mais significativamente, Kissinger defendeu que "relações estreitas" fossem mantidas com líderes militares nos países vizinhos, tanto para facilitar a coordenação da pressão contra o Chile como para gerar oposição dentro do país. De maneira geral, isso prefigura o desenrolar da Operação Condor, um conluio secreto entre as ditaduras militares do hemisfério orquestrado com o conhecimento e a indulgência dos Estados Unidos.

A queda de fato do governo Allende aconteceu em um sangrento golpe, enquanto Kissinger estava sendo empossado como secretário

---

[22] *Deniability*, no original: habilidade de negar alguma coisa, baseando-se especialmente no fato de não ter sido legalmente informado.

de Estado. Ele falsamente assegurou ao comitê de Relações Exteriores que o governo dos Estados Unidos não tinha participado no golpe. Desse compêndio de informações dizendo o contrário, podemos selecionar o relatório número 2, da seção da Marinha do grupo militar dos Estados Unidos no Chile, redigido pelo adido naval norte-americano Patrick Ryan. Ele descreve suas relações próximas com os envolvidos na tomada do governo, saudando o 11 de setembro de 1973 como "nosso Dia D", e observa com satisfação que o "golpe de Estado no Chile foi quase perfeito". Ou podemos ler cuidadosamente os arquivos liberados do projeto FUBELT – codinome sob o qual a CIA, em constante contato com Kissinger e o Comitê Quarenta, conduziu as operações secretas contra o governo legalmente eleito do Chile.

O que é surpreendente, e aponta para uma cumplicidade em crimes individuais contra a humanidade, é o detalhe microcósmico no qual Kissinger se manteve informado das atrocidades de Pinochet.

Em 16 de novembro, o secretário assistente de Estado, Jack B. Kubisch, entregou um relatório detalhado sobre a política de execução da junta chilena que, como ele ressalta para o novo secretário de Estado, "você solicitou por telegrama de Tóquio". O memorando esclarece Kissinger, de várias maneiras, sobre os primeiros dezenove dias do regime Pinochet. Execuções sumárias durante aquele período, dizem, totalizaram 320 pessoas. (Isto contrasta com o total publicamente anunciado de cem, e está baseado em "um relatório interno e confidencial preparado para a junta" a que oficiais norte-americanos evidentemente têm acesso.) Olhando pelo lado "positivo", "em 14 de novembro, nós anunciamos um segundo empréstimo ao Chile – US$ 24 milhões para incentivar a agricultura. Nosso compromisso a longo prazo de vender dois destróieres excedentes à marinha chilena contou com uma resposta razoavelmente simpática do Senado. Os chilenos, enquanto isso, nos enviaram vários novos pedidos de equipamento militar". Kubisch então levanta a inoportuna questão sobre dois cidadãos norte-americanos assassinados pela junta, Frank Teruggi e Charles Horman. O paradeiro real dos dois é mistério até hoje; mais de um quarto de século depois, ainda estão sendo procurados por suas famílias. A razão para a extensão da busca pode ser inferida de um antigo comentário feito pelo senhor Kubisch, datado de 11 de fevereiro de 1974, no qual ele relata uma reunião com o ministro do Exterior da junta e levanta a questão dos norte-americanos desaparecidos "como uma necessidade

CHILE 101

de ser cuidadoso para evitar que assuntos relativamente pequenos em nossas relações tornem nossa cooperação mais difícil".

Vamos retornar, depois desse desvio, para a Operação Condor. Trata-se de uma engrenagem de assassinato sem fronteiras, rapto, tortura e intimidação, coordenação entre as forças da polícia secreta do Chile de Pinochet, do Paraguai de Stroessner, da Argentina de Videla e outros caudilhos regionais. Essa internacionalização inicial dos esquadrões da morte, sabemos hoje, foi responsável – citando apenas as vítimas mais visíveis – pelo assassinato do general chileno Carlos Prats (e de sua esposa) em Buenos Aires, pelo assassinato do general boliviano Juan Jose Torres e pela mutilação do senador democrata cristão chileno, Bernardo Leighton, na Itália. Uma equipe da Condor também detonou um carro-bomba em Washington, em setembro de 1976, matando o ex-ministro de Relações Exteriores do Chile, Orlando Letelier, e seu assistente, Ronni Moffitt. A cumplicidade do governo dos Estados Unidos foi descoberta em todos os níveis dessa trama. Verificou-se, por exemplo, que o FBI auxiliou Pinochet a capturar Jorge Isaac Fuentes de Alarcon, que estava detido e havia sido torturado no Paraguai, e o devolveu à polícia secreta chilena, que fez com que ele "desaparecesse". Embora isso cause espanto, a CIA se comprometeu com os membros da Condor a vigiar os dissidentes latino-americanos refugiados nos Estados Unidos.

Estes e outros fatos foram levantados pelo trabalho de comissões de "verdade e reconciliação" fundadas por forças pós-ditaduras nos países do hemisfério sul. Stroessner foi derrubado, Videla[23] está na prisão, Pinochet e seus seguidores prestaram ou estão prestando contas no Chile. Os Estados Unidos até agora não acharam conveniente fundar comissões de verdade e reconciliação próprias, o que significa que estão menos dispostos a encarar a responsabilidade histórica do que os países que eram chamados de "repúblicas da banana".

Todos os crimes citados anteriormente, e muitos outros além desses, foram cometidos aos "cuidados" de Kissinger como secretário de Estado. E todos foram e são passíveis de condenação por leis locais, internacionais ou por ambas. Não se pode argumentar, por

---

[23] Jorge Rafael Videla, sentenciado à prisão perpétua em 1985, foi indultado por Carlos Saul Menen em 1998.

102 O JULGAMENTO DE KISSINGER

ele ou por seus defensores, que estavam alheios ou desconheciam a verdadeira situação. Foi liberado em 1999 um memorando secreto que fornece detalhes aterrorizantes de uma conversação secreta entre Kissinger e Pinochet em Santiago, Chile, em 8 de junho de 1976. A reunião aconteceu um dia antes de Kissinger falar na Organização dos Estados Americanos (OEA). O tema a ser debatido era direitos humanos. Kissinger estava com dificuldades para explicar a Pinochet alguns comentários *pro forma* que ele precisaria fazer sobre o assunto, enfatizando que não deveriam ser considerados seriamente. Meu amigo Peter Kornblush teve o trabalho de comparar o "Memcon" (memorando de conversação) com o relato da reunião apresentada pelo próprio Kissinger no seu terceiro volume da apologia *Years of Renewal*:

> *As memórias:* "Grande parte da minha conversa com Pinochet foi dedicada aos direitos humanos, que eram, na verdade, o principal obstáculo para que os Estados Unidos estabelecessem suas relações com o Chile. Eu destaquei os pontos principais de meu discurso na OEA, que seria proferido no dia seguinte. Pinochet não fez nenhum comentário".
>
> *O Memcon:* "Tratarei dos direitos humanos de maneira geral, e os direitos humanos num contexto mundial. Em dois parágrafos falarei sobre o relatório da Comissão de Direitos Humanos da OEA sobre o Chile. Isto é parcialmente o resultado de ações do Congresso. Acrescentarei que espero que você remova em breve estes obstáculos... Não posso fazer menos que isso, sem produzir uma reação nos Estados Unidos que acarretaria restrições legislativas. O discurso não está direcionado ao Chile. Gostaria que soubesse disso. Minha avaliação é que você é uma vítima dos grupos de esquerda ao redor do mundo e seu maior pecado foi ter derrubado um governo que estava virando comunista".
>
> *As memórias:* "Como secretário de Estado, senti que tinha a responsabilidade de encorajar o governo chileno na direção de uma ampliação da democracia por meio de uma política de compreensão das preocupações de Pinochet... Pinochet me lembrou que 'A Rússia apóia o seu pessoal em 100%. Nós faremos o mesmo. Você é o líder. Mas vocês têm um sistema punitivo para seus amigos'. Eu voltei ao meu tema básico de que qualquer ajuda maior da nossa parte dependeria de fato do progresso nos direitos humanos".
>
> *O Memcon:* "Você tem razão. É um tempo curioso nos Estados Unidos... É uma pena. Nós passamos pelo Vietnã e Watergate. Temos que esperar até as eleições de 1976. Nós recebemos bem a queda de um governo com inclinações comunistas aqui. Não temos a intenção de enfraquecer sua posição".

De maneira desagradável, Pinochet mencionou duas vezes o nome de Orlando Letelier, um líder da oposição chilena exilado, acusando-o de desorientar o Congresso norte-americano. A resposta de Kissinger, como pudemos ver, era se desculpar no Congresso e (repetindo numa escala menor a fórmula da tática de 1968, em Paris, no Vietnã) sugerir

CHILE 103

que o ditador deveria esperar por melhores dias depois das próximas eleições. Três meses mais tarde, um carro-bomba em Washington matou Letelier; o que até hoje continua sendo o único atentado cometido na capital da nação por agentes de um regime estrangeiro. (Esse acidente notável ficou completamente fora das memórias de Kissinger.) O homem responsável por organizar o crime, o policial secreto chileno, general Manuel Contreras, testemunhou ter agido sob ordens pessoais de Pinochet. Ele continua na prisão, imaginando sem dúvida por que confiou em seus superiores.

"Eu quero ver nossas relações e nossa amizade melhorarem", Kissinger disse a Pinochet (mas não aos leitores de suas memórias). "Nós queremos ajudar, e não o enfraquecer." Ao aconselhar um assassino e déspota, cujo papel ele havia ajudado a impor, a desconsiderar seu próximo discurso no Congresso, Kissinger insultou a democracia em ambos os países. Também deu sinal verde para posteriores transgressões e terrorismo interno, dos quais ele tinha perfeita ciência. (Em suas memórias, ele menciona o que chama de "agência de inteligência *contraterrorista*" de Pinochet.) Ao conspirar mais tarde com Pinochet contra o Congresso dos Estados Unidos, que discutia na época uma emenda de Kennedy sobre cortes nas vendas às nações que violassem os direitos humanos, Kissinger comentou humildemente:

> Eu não sei se vocês escutam meu telefone, mas se o fazem acabaram de me ouvir despachar instruções a Washington para derrubar a emenda de Kennedy. Se nós a derrubarmos, então entregaremos os F-5Es (fuzis), de acordo com o combinado.

A passagem anterior merece ser memorizada. É uma boa chave para decodificar a relação entre os fatos e a mentira nas falsas e doentias memórias de Kissinger. (E trata-se de um grande demérito para seus editores na Simon e Schuster, e Weindenfeld e Nicolson.) Deveria funcionar também como uma urgente inspiração para os membros do Congresso e para as organizações de direitos humanos reabrirem os inquéritos incompletos e as investigações frustradas sobre os inúmeros crimes desse período. E essa mesma passagem, lida à luz do retorno da democracia ao Chile e da decisão das cortes chilenas de buscar a verdade e a justiça, é um insulto da parte de Kissinger, que reputou "irresponsabilidade" a um povo digno e humano, que sofreu muito mais do que insultos verbais.

Um epílogo sobre o Chile

O que se percebe em Washington é que qualquer liberação futura de documentos oficiais revelará um material pior do que até mesmo os mais cínicos suspeitavam. Não é necessário testar e transformar essa percepção numa regra oficial. Entretanto, em setembro de 2000, a CIA revelou os resultados de uma investigação interna sobre o Chile, solicitada pela emenda Hinchey ao Ato de Autorização de Inteligência, para aquele ano fiscal. E os mais severos críticos e investigadores ficaram perplexos. (O documento me foi encaminhado depois de eu haver terminado o capítulo anterior. Resolvi não o alterar para preservar a ordem natural das revelações.) Reproduzo abaixo os principais trechos, para preservar também o tipo de linguagem da unidade:

> *Apoio ao golpe em 1970.* Sob "trilho dois" da estratégia, a CIA procurou instigar um golpe para evitar que Allende assumisse o governo após vencer as eleições de 4 de setembro com maioria proporcional. Como não havia sido eleito com maioria absoluta, a Constituição chilena exigia que o Congresso confirmasse sua vitória. A CIA trabalhava com três grupos diferentes de provocadores. Todos os três deixaram claro que qualquer golpe exigiria o rapto do comandante do exército René Schneider. Este tinha fortes convicções de que a Constituição chilena requeria que o exército permitisse que Allende assumisse o governo. A CIA concordou com essa imposição. Embora a CIA tenha fornecido armas para um dos grupos, não encontramos informações de que a intenção dos provocadores ou da CIA fosse matar o general. O contato com um grupo de provocadores foi desfeito no início por conta de suas tendências extremistas. A CIA forneceu máscaras de gás, metralhadoras e munição ao segundo grupo, que feriu mortalmente o general no ataque. A CIA havia previamente encorajado esse grupo a iniciar o golpe, mas retirou seu apoio quatro dias antes do ataque porque, segundo sua avaliação, o grupo não poderia executar o plano com sucesso.

106 O JULGAMENTO DE KISSINGER

Isto repete a mesma farsa supostamente distinguindo rapto ou abdução de assassinato e, mais uma vez, levanta a intrigante questão: o que a CIA iria fazer com o general depois de raptá-lo? (Observem também a estudada passividade por meio da qual o relatório "não conseguiu nenhuma informação de que a intenção dos agressores e da CIA fosse matar o general". O que satisfaria esse critério bizarro?) Vamos ler a respeito da suposta desorganizada gangue que realmente levou a sério suas instruções:

> Em novembro de 1970, um membro do grupo Viaux, que conseguiu escapar à captura, entrou em contato novamente com a unidade e solicitou ajuda financeira em benefício do grupo. Embora a unidade não tivesse nenhuma obrigação para com o grupo, que havia agido por conta própria, num esforço para manter em segredo o contato anterior, para manter a colaboração do grupo, e por razões humanitárias, liberou US$ 35 mil.

"Razões humanitárias." Somos forçados a admirar essa explicação criativa. Aos preços de 1970, a soma de US$ 35 mil no Chile representava um valor considerável. E não era, de forma alguma, o tipo de soma que um chefe de unidade local pudesse liberar por conta própria. Gostaríamos de saber como o Comitê Quarenta e seu zeloso presidente, Henry Kissinger, decidiram que a melhor forma de se dissociar de uma gangue supostamente desenfreada era pagar a ela uma pequena fortuna em dinheiro *depois* de ela ter cometido um assassinato a sangue-frio.

A mesma questão se coloca, de forma ainda mais precisa, para outro desfecho da unidade no curso do mesmo relatório. O título é "Relacionamento com Contreras". Manuel Contreras era o chefe da polícia militar secreta de Pinochet, e como tal organizou a morte, a tortura e o desaparecimento de inúmeros chilenos, além da utilização de bombas e técnicas de assassinato até mesmo em Washington. A CIA admite logo no início do documento que "tinha contatos secretos no Chile com o principal objetivo de assegurar assistência para reunir inteligência sobre objetivos externos. A CIA ofereceu esse serviço de assistência na organização interna e no treinamento para combater a subversão e o terrorismo no exterior e não para combater oponentes internos do governo".

Tal bazófia, baseada na distinção entre "ameaça externa" e a confusa questão de uma disciplina ditatorial interna, leva a uma pergunta – o que é uma ameaça externa? O Chile não tinha nenhum inimigo es-

UM EPÍLOGO SOBRE O CHILE 107

trangeiro exceto a Argentina, com quem disputou direito de faixas de mar no Canal Beagle. (Como conseqüência, o Chile auxiliou a senhora Thatcher na guerra das Malvinas, em 1982.) E na Argentina, como sabemos, a CIA estava comprometida em auxiliar o regime militar a sobreviver. Embora o Chile não tivesse inimigos externos, a ditadura Pinochet tinha muitos, muitos adversários externos. Eram os inúmeros chilenos forçados a abandonar seu país. Um dos trabalhos de Manuel Contreras era caçá-los. Como um relatório descreve:

> De 1974 e 1977, a CIA manteve contato com Manuel Contreras, que mais tarde se tornou conhecido pelas violações aos direitos humanos. A comunidade política do governo norte-americano aprovou os contatos da CIA com Contreras, considerando sua posição como chefe da mais importante organização de inteligência no Chile. Isso era necessário para que a CIA cumprisse sua missão; apesar da preocupação de possibilitar futuras acusações à CIA de auxiliar na repressão política interna.

Depois de algumas idas e vindas para estabelecer uma diferença (entre táticas policiais "internas" e externas), o relatório da CIA diz que:

> Até abril de 1975, os relatórios da inteligência mostravam que Contreras era o principal obstáculo a uma política de direitos humanos razoável dentro da Junta. No entanto, um comitê interagencial orientou a CIA para continuar sua relação com Contreras. O embaixador norte-americano no Chile incitou o diretor da central de inteligência [general Vernon] Walters a receber Contreras em Washington, com o propósito de manter boas relações com Pinochet. Em agosto de 1975, com aprovação interagencial, essa reunião aconteceu.
> Em maio e junho de 1975, elementos dentro da CIA recomendaram realizar pagamentos a Contreras para obter informações, por conta de sua posição privilegiada, e acesso a Pinochet. Essa proposta foi rejeitada, por conta da política do governo norte-americano sobre relações clandestinas com um chefe do serviço de inteligência conhecido por abusos aos direitos humanos. Entretanto, devido a problemas de comunicação na época dessa mudança, um pagamento chegou a ser feito a Contreras.

Isso não requer muita análise. Algum tempo *depois* de a CIA ter concluído que Manuel Contreras era "o principal obstáculo para uma política de direitos humanos razoável", ele recebe dinheiro do pagamento de impostos dos norte-americanos e é recebido pelo alto escalão em Washington. O memorando da CIA tem cuidado ao afirmar que onde existem dúvidas, elas são silenciadas pela "comunidade política do governo norte-americano" e por "um comitê interagencial". Também tenta sugerir, com um humor inconsciente, que o chefe de um serviço secreto estrangeiro assassino recebeu uma alta soma de propina por engano. Quem teria sido repreendido por esse disparate, e como passou pelo exame minucioso do Comitê Quarenta?

O relatório também se contradiz, afirmando num determinado momento que as atividades de Contreras no exterior eram pouco importantes e, em outro ponto, que

> Um ano após o golpe, a CIA e outras agências governamentais norte-americanas estavam cientes da cooperação bilateral entre os serviços de inteligência regional para rastrear as atividades e, em pelo menos uns poucos casos, matar opositores políticos. Foi o início da Operação Condor, um intercâmbio dos serviços de informação entre Chile, Argentina, Brasil, Paraguai e Uruguai iniciado em 1975.

Portanto hoje sabemos que a internacionalização do princípio dos esquadrões da morte foi compreendida e aprovada pelos serviços de informação norte-americanos e seus mestres políticos por duas administrações. O principal responsável nas duas gestões foi Henry Kissinger. O que quer que "comitê interagencial" signifique, e se é o Comitê Quarenta ou o comitê interagencial no Chile, os rastros levam de volta à mesma fonte.

Ao deixar o Departamento de Estado, Kissinger fez uma incrível troca por meio da qual (tendo impacientemente barganhado segurança no patrimônio de Rockefeller em Pocantico Hills, Nova York) ele doou seus papéis para a biblioteca do Congresso. Sua única condição foi que permanecessem lacrados até depois de sua morte. Entretanto, o amigo de Kissinger, Manuel Contreras, cometeu um erro ao matar um cidadão norte-americano, Ronni Karpen Moffitt, no carro-bomba em Washington que também matou Orlando Letelier em 1976. No final de 2000, o FBI conseguiu finalmente um mandado judicial para rever os papéis da biblioteca do Congresso, contra o que Kissinger lidou somente por meio de seus advogados. Foi um começo; mas é patético, quando comparado aos esforços das comissões de verdade e justiça no "Chile, Argentina, Brasil, Paraguai e Uruguai", que emergiram dos anos de ditadura apoiados por Kissinger, e querem um acerto de contas. Aguardamos o momento em que o Congresso dos Estados Unidos iniciará um processo semelhante, e finalmente liberará todos os documentos escondidos sobre crimes impunes cometidos em nosso nome.

Chipre

No segundo volume de sua trilogia de memórias, intitulado *Years of Upheaval,* Henry Kissinger julgou que a catástofre de 1974 em Chipre era tão desagradável que decidiu então adiar suas considerações sobre o fato:

> Devo deixar uma discussão mais completa sobre o episódio em Chipre para outra ocasião, pois ele se estendeu à presidência Ford, e suas conseqüências não foram solucionadas até hoje.

Isso demonstra um certo nervosismo de sua parte, até porque as questões sobre o Vietnã, o Camboja, o Oriente Médio, Angola, o Chile, a China e as negociações SALT[24] provocaram conseqüências "sem solução" até hoje, assim como na época. (Afirmar que esse assunto "se estendeu à administração Ford" é dizer, na verdade, que nada exceto esse pálido interregno, historicamente falando, aconteceu.)

Na maioria dos escritos sobre si (e, presumivelmente, na maioria das apresentações aos seus clientes), Kissinger projeta a imagem de um homem com preocupações globais e sempre a trabalho. Mas existem várias ocasiões em que lhe convém uma postura cândida: inocente e facilmente atropelado pelos fatos. Sem dúvida essa pose lhe arranha um pouco a auto-estima. É um comportamento que ele adota precisamente no momento em que os registros lhe apontam que podem se tornar públicos, e a revelação de fatos atuais ou anteriores o confrontaria com acusações de responsabilidade ou cumplicidade.

---

[24] SALT é a sigla em inglês para Tratado de Limitação de Armas Estratégicas, assinado pelos Estados Unidos e pela União Soviética. Tinha por finalidade limitar o número de ogivas nucleares em poder de cada uma das duas superpotências. (N.E.)

110 O JULGAMENTO DE KISSINGER

Chipre, em 1974, é apenas um desses casos. Kissinger argumenta agora, no longo terceiro volume de suas memórias, *Years of Renewal*, que foi impedido e distraído pelo caso Watergate e o desgaste da presidência Nixon de se interessar a tempo pelo crucial triângulo de forças entre Grécia, Turquia e Chipre. Essa é uma negação estranha: a frase "flanco sul da OTAN" foi então um termo geopolítico comum de primeira importância, e a proximidade de Chipre com o Oriente Médio era um fator que nunca se ausentou do pensamento estratégico dos Estados Unidos. Não havia nenhuma razão de política interna que tirasse sua atenção dos assuntos da região. Além do mais, a própria implosão da autoridade de Nixon, citada como razão do próprio esquecimento de Kissinger, deu a ele de fato poderes extraordinários. Para relembrar o óbvio uma vez mais: quando se tornou secretário do Estado em 1973, Kissinger teve o cuidado de manter seu posto como assistente especial do presidente para assuntos de segurança nacional ou, como dizemos agora, conselheiro de segurança nacional. Isso fez dele o primeiro e único secretário de Estado a ocupar a presidência do secreto e elitizado Comitê Quarenta, que analisou e aprovou ações secretas da CIA. Enquanto isso, como presidente do CSN, ocupava um cargo em que todo plano importante de inteligência passava por sua mesa. Seu antigo assistente no CSN, Roger Morris, não estava de forma alguma exagerando quando disse que esse acúmulo de funções de Kissinger, somado à erosão do *status* de Nixon, fez dele "não menos do que o chefe de Estado de fato, para questões de segurança nacional".

Sabemos por meio de outras fontes que Kissinger não era somente um microgerente com um olho para o detalhe, mas um homem com gosto por intervenções e respostas rápidas. Por meio das memórias da Casa Branca de um dos seus mais próximos associados, o chefe da equipe de Nixon, H. R. Haldeman, soubemos de uma ocasião em que Kissinger quase deflagrou uma crise porque se entusiasmou com fotos aéreas de Cuba. (As fotos mostravam campos de futebol sendo construídos, que ele – imaginando que os cubanos fossem exclusivamente interessados em beisebol – acreditou serem sinal de um novo e sinistro plano russo.) Em outra ocasião, por conta da queda de um avião norte-americano, Kissinger achava que a Coréia do Norte deveria ser bombardeada, sem se excluir a opção nuclear. *The Ends of Power* (Os fins do poder), título do livro de Haldeman, é somente um dos muitos testemunhos do incansável estado de alerta de Kissinger quanto às potenciais fontes de problemas e, conseqüentemente, da possibilidade de se projetar.

Este preâmbulo é necessário para considerarmos sua auto-indulgência na questão de Chipre, uma apologia que depende de acreditarmos que Kissinger era absolutamente incompetente, que estava impotente diante da situação e, sobretudo, desinformado. A energia com que ele força esse caso de auto-abnegação é reveladora. É também importante, porque se Kissinger realmente tinha conhecimento dos eventos que descreve então ele é culpado de conluio na tentativa de assassinato de um chefe de Estado estrangeiro, num golpe militar fascista, numa séria violação da lei norte-americana (o Ato de Ajuda Externa, que proíbe utilizar ajuda militar e material norte-americana para propósitos não-defensivos), em duas invasões que desrespeitaram as leis internacionais e no assassinato e na privação de muitos milhares de civis não-combatentes.

Buscando defender-se dessa conclusão e de suas implicações, Kissinger se compromete em *Years of Upheaval* e em *Years of Renewal*. No primeiro volume, ele diz simplesmente: "Sempre achei que a próxima crise interna em Chipre provocaria uma intervenção turca"; ou seja, talvez provocasse uma guerra dentro da OTAN, entre a Grécia e a Turquia, e certamente envolveria a divisão da ilha. Que isso era de conhecimento geral, não há dúvida, mesmo para alguém que estivesse minimamente informado sobre as questões de Chipre. No último volume, em que finalmente assume implicitamente o desafio recusado no anterior, ele pergunta repetidas vezes ao leitor por que alguém (como ele próprio, tão desgastado com o caso Watergate) se interessaria por "uma crise no Mediterrâneo entre dois aliados da OTAN".

Essas duas observações dissimuladas precisam ser qualificadas à luz de uma terceira, que aparece na página 199 da edição norte-americana de *Years of Renewal*. Ali, o presidente Makarios é descrito sem adornos como "a próxima causa da maioria das tensões de Chipre". Makarios foi o líder eleito democraticamente em uma república virtualmente desarmada, que era na época um membro associado da Comunidade Econômica Européia (CEE), das Nações Unidas e da União das Nações Britânicas. Seu governo foi desafiado, e a independência de Chipre foi ameaçada por uma ditadura militar em Atenas e um governo altamente militarizado na Turquia. Ambos foram apoiados por organizações de bandidos de direita na ilha e tinham planos de anexar a maior ou menor parte da ilha. Apesar disso, a violência "interna" havia estado em declínio em Chipre ao longo da década de 1970. A maior parte dos crimes acontecia entre democratas ou internacionalistas gregos ou turcos, encomendados por seus respectivos rivais nacionalistas e autoritários. Várias tentativas haviam sido feitas por fanáticos gregos e greco-cipriotas para atentar contra a vida do próprio presidente Makarios. Descrever sua pessoa como "a causa imediata da maioria das tensões" é fazer um julgamento claramente de ordem moral.

Esse mesmo julgamento absurdo, entretanto, nos fornece a chave que revela a mentira no cerne da apresentação de Kissinger. Se a autoridade civil eleita (e líder espiritual da comunidade grega ortodoxa) é a "causa imediata" das tensões, então tirá-lo de cena é evidentemente a cura para elas. Se alguém puder demonstrar que havia um plano para destituí-lo, e que Kissinger sabia tudo sobre ele de antemão, então a conclusão lógica e natural é que ele não procurava ostensivamente por uma crise – como, com autocomiseração, nos pede para crer –, mas por uma solução. O fato de ter criado uma crise, que resultou numa calamidade para Chipre e para a região, não muda a equação ou desfaz o silogismo. É atribuído a um outro fator visível que o esquema para derrubar Makarios, do qual a "solução" dependia, foi na prática um fracasso. Mas aqueles que visaram aos meios e desejaram os fins não estão isentos de culpa pela recusa da realidade de cooperar com seus esquemas.

Por meio dos registros e das memórias do próprio Kissinger, assim como do registro de posteriores investigações oficiais, fica fácil demonstrar que ele sabia antecipadamente do plano para depor e matar Makarios. Ele mesmo o admite, ao escrever que o ditador grego, Dimitrìos Ioannides, chefe da polícia secreta, estava determinado a montar um golpe em Chipre para que Atenas assumisse o controle da ilha. Esse era um dos fatos mais conhecidos da situação, assim como o mais embaraçoso: que o brigadeiro Ioannides dependia da ajuda militar e da simpatia norte-americanas. Seu Estado policial havia sido expulso do Conselho Europeu e impedido de participar do MCE (Mercado Comum Europeu). Mas essa era em grande parte a vantagem conferida por seu acordo de receber a sexta frota dos Estados Unidos e abrigar bases aérea e de inteligência, o que o

CHIPRE | 13

manteve no poder. Essa política condescendente era extremamente contestada no Congresso e na imprensa norte-americana, e a argumentação sobre o assunto fazia parte do dia-a-dia de Kissinger muito antes do drama de Watergate.

Entendia-se dessa forma, *de maneira geral*, que a ditadura grega – um cliente dos Estados Unidos – desejava ver Makarios deposto e já havia tentado matá-lo ou planejado sua morte. (Queda e assassinato, neste caso, coincidentes; não havia possibilidade de deixar um líder tão carismático vivo, e aqueles que buscavam destituí-lo invariavelmente queriam sua morte.) Isto era compreendido *em particular*. A prova mais visível é esta: em maio de 1974, dois meses antes do golpe em Nicosia, que Kissinger mais tarde disse ter sido um choque, ele recebeu um memorando do chefe do setor de assuntos cipriotas do Departamento de Estado, Thomas Boyatt. Este reuniu todas as razões cumulativas e persuasivas para acreditar que um ataque da junta grega a Chipre era iminente. Ele argumentou, posteriormente, que na ausência de uma *démarche* norte-americana em Atenas, alertando os ditadores a desistir, poderia assumir-se que os Estados Unidos estivessem indiferentes ao fato. E acrescentou o que todo o mundo sabia – que tal golpe, se fosse adiante, iria sem dúvida alguma desencadear uma invasão turca.

Memorandos prescientes despencam em Washington depois de uma crise; eles normalmente são então lidos pela primeira vez, ou vazados para a imprensa ou para o Congresso com o objetivo de aumentar (ou proteger) alguma reputação burocrática. Mas Kissinger admite agora que viu esse documento em tempo real, enquanto estava envolvido na sua ponte entre Síria e Israel (ambos a meia hora de avião de Chipre). Ainda assim, nenhuma *démarche* em seu nome ou sob sua autoridade foi feita à junta grega.

Pouco tempo depois, em 7 de junho de 1974, o *National Intelligence Daily*, que é a bíblia do café da manhã do Departamento de Estado, do Pentágono e dos funcionários da segurança nacional, citou um relatório de campo, datado de 3 de junho, mostrando os pontos de vista do ditador em Atenas:

> Ioannides afirmou que a Grécia é capaz de derrubar Makarios e os principais defensores do poder em 24 horas, com pouco ou nenhum sangue derramado e sem a assistência da EOKA. Os turcos concordariam calmamente com a queda de Makarios, um inimigo-chave... Ioannides disse que se Makarios tentar algum tipo de provocação extrema contra a Grécia, visando obter uma

vantagem tática, não sabe se simplesmente retiraria as tropas gregas de Chipre e deixaria Makarios relegado à sua própria sorte, ou derrubaria Makarios de uma vez por todas e faria com que a Grécia lidasse diretamente com a Turquia sobre o futuro de Chipre.

Esse relatório e seu conteúdo foram mais tarde confirmados perante o Congresso pelo pessoal da CIA que servia em Atenas à época. O fato que fez o brigadeiro Ioannides parecer bombástico e delirante – o que ele era de fato – deveria ressaltar o perigo óbvio e iminente. (EOKA era um grupo clandestino fascista greco-cipriota, armado e pago pela junta.)

Mais ou menos na mesma época, Kissinger recebeu uma ligação do senador J. William Fulbright, presidente do comitê de Relações Exteriores do Senado. O senador Fulbright havia sido informado sobre o iminente golpe por um experiente jornalista grego dissidente em Washington, chamado Elias P. Demetracopoulos. Ele disse a Kissinger quais os passos a serem tomados para evitar a ação grega planejada, e forneceu três motivos. O primeiro era que repararia um pouco do dano moral ocasionado pela indulgência do governo norte-americano para com a junta. O segundo era que o golpe deflagraria um confronto entre a Grécia e a Turquia no Mediterrâneo. O terceiro era que aumentaria o prestígio norte-americano na ilha. Kissinger declinou da recomendação, com o estranho pretexto de que não poderia intervir em "assuntos internos" da Grécia, num momento em que a administração Nixon estava resistindo à pressão do senador Henry Jackson para vincular o comércio EUA-URSS à livre emigração de judeus russos. Embora essa linha de argumentação soe estranha, ainda assim torna impossível para Kissinger alegar, como ele o fez, que não havia recebido nenhum alerta.

Não havia ainda, portanto, nenhuma preocupação no alto escalão norte-americano com Atenas. A dificuldade é por vezes apresentada como parte de um protocolo ou etiqueta; como se o hábito de Kissinger fosse cochichar e *jogar leve*. Ioannides, embora fosse somente o chefe da polícia secreta, era *de fato* o chefe do regime. Para o embaixador norte-americano Henry Tasca, era estranho tratar de diplomacia com um homem a quem ele descrevia como "um tira". Mas novamente eu me lembro de que Henry Kissinger, além da sua eminência diplomática formal, era também chefe do Comitê Quarenta, supervisor de ações secretas e estava lidando sigilosamente com o regime de Atenas, que tinha ligações de longa data com a CIA. O Comitê da Câmara sobre Inteligência, em 1976, referiu-se ao problema de mau jeito em seu relatório:

> Tasca, assegurado pelo chefe da unidade da CIA de que Ioannides *continuaria* a negociar somente com a CIA, e não compartilhando o alarme do funcionário do Departamento de Estado, contentou-se em enviar uma mensagem ao líder grego indiretamente... É claro, entretanto, que a embaixada não tentou salientar para Ioannides a profundidade da preocupação sobre um atentado em Chipre. Este episódio, o acesso exclusivo da CIA a Ioannides, a indicação de Tasca de que ele pode não ter visto todas as mensagens importantes da unidade da CIA, as sugestões de Ioannides de consentimento americano e a bem conhecida frieza de Washington em relação a Makarios levaram a opinião pública a especular que ou os funcionários norte-americanos estavam desatentos aos relatórios de uma crise em desenvolvimento, ou simplesmente permitiram que isso acontecesse.

Os memorandos de Thomas Boyatt, alertando exatamente sobre o que estava por acontecer (e relatando o ponto de vista de vários funcionários de nível médio, além do seu), foram classificados como secretos e não foram liberados. Solicitado a testemunhar sobre o assunto, ele foi a princípio proibido por Kissinger de se apresentar ao Congresso. Por fim, foi permitido que Boyatt o fizesse para evitar uma citação por desacato. Seu depoimento foi ouvido numa "sessão secreta" sem a presença na sala de audiência de funcionários, repórteres e visitantes.

Os eventos continuaram a se desenrolar rapidamente. Em 1º de julho de 1974, três experientes funcionários do ministério das Relações Exteriores na Grécia, famosos por seus pontos de vista moderados sobre a questão de Chipre, apresentaram publicamente suas renúncias. Em 3 de julho, o presidente Makarios tornou pública uma carta aberta à junta grega, na qual fazia uma acusação direta de interferência estrangeira e subversão:

> Para ser bem claro, eu digo que os quadros do regime militar da Grécia apóiam e dirigem as atividades dos terroristas do grupo EOKA-B... Senti, mais de uma vez, e em algumas vezes toquei, uma mão invisível se estendendo de Atenas na tentativa de me exterminar.

Makarios pedia a retirada dos representantes gregos de Chipre.

Alguns dias depois do golpe, o que de fato aconteceu em 15 de julho de 1974, Kissinger, contestado numa coletiva de imprensa sobre seu aparente fracasso em prever ou evitar o golpe, respondeu que "a informação não estava no ar". Na verdade, estava no céu, na terra e no ar. Porém, muito mais importante, e especialmente neste caso, esteve disponível para ele o tempo todo, tanto por suas capacidades diplomáticas como por sua inteligência. Sua decisão de não agir foi, portanto, uma decisão premeditada de fazer alguma coisa, ou deixar que fosse feita.

O argumento pode se estender um pouco além. Se pudermos demonstrar que Kissinger estava mentindo quando disse ter sido surpreendido pelo golpe de julho – e isso pode ser feito – e se assumirmos que o conhecimento prévio acompanhado de inação é evidência de, pelo menos, aprovação passiva, então seria de esperar que o golpe fosse recebido com alguma demonstração de simpatia ou satisfação. Na verdade, isso é exatamente o que encontraremos.

Para o resto do mundo, duas coisas ficaram óbvias a respeito do golpe. A primeira era a de que havia sido instigado por Atenas e executado com a ajuda das forças gregas regulares. Representou, dessa forma, uma intervenção direta nos assuntos internos de um país estrangeiro. A segunda foi que o golpe violou todos os tratados existentes que regulavam o *status* de Chipre. Essa evidente ilegalidade foi sinistramente reforçada pela própria junta, que escolheu um notório pistoleiro chauvinista, Nicos Sampson, para ser seu "presidente substituto". Sampson devia ser bem conhecido do presidente do Comitê Quarenta, pois recebia havia muito tempo o apoio financeiro da CIA. Ele também recebia dinheiro para seu incendiário jornal *Makhi* (Combate), em Nicósia, de um representante pró-junta da CIA em Atenas, Savvas Constantopoulos, que era por sua vez editor do órgão governista *Eleftheros Kosmos* (Mundo Livre). Nenhum governo europeu tratou Sampson como nada além de um pária nos breves nove dias em que esteve no poder e lançou uma campanha de assassinato contra seus opositores gregos democratas. Mas Kissinger disse ao enviado norte-americano em Nicósia para receber o "ministro do Exterior" de Sampson com as honras de um ministro do Exterior, fazendo dessa maneira com que os Estados Unidos fossem o primeiro e único país a reconhecer seu governo. (O paradeiro do presidente Makarios ainda era desconhecido naquele momento. Seu palácio havia sido depredado e sua morte, anunciada pela estação de rádio da junta. Ele havia na verdade escapado, tendo anunciado o fato pelo rádio alguns dias mais tarde – para enorme irritação de certas pessoas bem colocadas.) A propósito, em suas memórias, *The Truth* (A verdade), publicadas em Atenas no ano de 1986, o então chefe das forças armadas gregas, general Grigorios Bonanos, narra que o ataque da junta a Chipre recebeu uma mensagem de aprovação e apoio, entregue ao seu serviço de inteligência por não menos do que o próprio Thomas A. Pappas – o intermediário escolhido pela junta e a administração Nixon–Kissinger. (Saberemos mais a respeito do senhor Pappas no capítulo Um trabalho "sujo" em Washington?)

Em Washington, o porta-voz da imprensa de Kissinger, Robert Anderson, negou firmemente que o golpe – mais tarde descrito por Makarios da tribuna das Nações Unidas como "uma invasão" – teria sido uma intervenção estrangeira. "Não", ele respondeu a uma pergunta direta sobre essa questão. "Do nosso ponto de vista não houve intervenção externa." Essa posição surreal não foi contestada por Kissinger, que se encontrou com o embaixador de Chipre e deixou de oferecer as habituais condolências pela morte de seu presidente – "a causa imediata" de todos esses fatos desagradáveis, como nos foi revelado por ele mais tarde. Quando perguntaram a Kissinger se ainda reconhecia o governo eleito de Makarios como legal, obstinado e abismado recusou-se a responder. Ao ser perguntado se os Estados Unidos iriam reconhecer o regime de Sampson, seu porta-voz negou-se a desmenti-lo. Quando Makarios esteve em Washington, em 22 de julho, o Departamento de Estado foi perguntado se ele seria recebido por Kissinger como "um cidadão comum, um arcebispo ou como o presidente de Chipre?" A resposta? "Ele [Kissinger] vai reunir-se com o *arcebispo* Makarios na segunda-feira" (destaque do autor). Todos os outros governos do mundo, exceto a ditadura grega que caiu rapidamente, reconheceram Makarios como o chefe legítimo da república de Chipre. A unilateralidade de Kissinger sobre esse ponto não tem precedentes democráticos e é um forte argumento de seu conluio e de sua simpatia pelos bandidos que tinham a mesma postura.

Vale a pena enfatizar que Makarios foi convidado por Washington como presidente eleito e legal de Chipre, pelo senador J. William Fulbright, do Comitê de Relações Exteriores do Senado, e por seu colega congressista Thomas Morgan, presidente do Comitê Interno para Assuntos Externos. O mérito pelo convite é de Elias Demetracopoulos, que alertara havia muito tempo sobre o golpe, e era amigo de Fulbright. Foi ele quem levou o convite a Makarios, que estava então em Londres reuninindo-se com o secretário de Assuntos Externos britânico. A iniciativa culminou com uma série de atividades antijunta, coordenadas por esse combatente e versátil jornalista que havia irritado Kissinger profundamente e se tornado seu desafeto. (Veja capítulo Um trabalho "sujo" em Washington?) No último momento, e bastante constrangido, Kissinger foi obrigado a anunciar que estava recebendo Makarios como presidente e não como arcebispo.

Uma vez que o próprio Kissinger revela sempre ter sabido que um outro episódio de violência em Chipre desencadearia uma intervenção militar turca, pode-se presumir que ele não tenha se surpreendido quando tal agressão aconteceu. Tampouco parece que isso tenha lhe desconcertado. Enquanto a junta permaneceu no poder, os esforços de Kissinger foram principalmente dirigidos à sua proteção para que ela não sofresse retaliações. Ele era contra o retorno de Makarios à ilha, e se opunha fortemente ao uso da força turca ou britânica (a Inglaterra era o poder mantenedor, com um tratado de deveres e tropas baseadas em Chipre) para impedir o golpe grego. Esse mesmo conselho de inércia ou inação – amplamente registrado em suas próprias memórias e também nas de outros –, traduziram-se mais tarde em censuras contra quaisquer medidas para impedir uma invasão turca. *Sir* Tom McNally, principal consultor político do então secretário de Assuntos Externos e futuro primeiro-ministro James Callaghan, revelou que Kissinger "vetou" pelo menos uma ação militar britânica antes do desembarque turco. Mas isso foi *depois* que os coronéis gregos caíram e a democracia havia sido restaurada em Atenas, e não havia mais um regime cliente para proteger.

Isso pode parecer um paradoxo, mas a simpatia de longa data pela divisão de Chipre, expressa várias vezes pelos departamentos de Estado e Defesa, diminui a importância do fato. A composição demográfica da ilha (82% de gregos e 18% de turcos) fazia com que parecesse ser mais lógico que a divisão fosse imposta pela Grécia. Mas a segunda melhor opção era que fosse imposta pela Turquia. E uma vez que a Turquia havia conduzido duas invasões brutais e ocupado quase 40% do território cipriota, Kissinger esforçou-se muito de fato para proteger Ancara de qualquer reprimenda do Congresso por essa inequívoca violação do direito internacional e abuso promíscuo e ilegal de armas norte-americanas. Ele se tornou tão pró-Turquia, de fato, que era como se nunca tivesse ouvido falar dos coronéis gregos. (Embora seu expresso desagrado pelos líderes democráticos aparecesse como uma lembrança ocasional.)

Nem todos os elementos dessa política divisionista podem ser imputados a Kissinger pessoalmente; ele herdou a junta grega e o desagrado oficial de Makarios. Entretanto, mesmo na mais obscura prosa de suas memórias, ele admite o que poderia, de outro modo, ser concluído por fontes independentes. Utilizando canais secretos, e prejudicando o processo democrático em seu próprio país, ele se transformou em cúmplice de um plano político de assassinato que, ao dar errado, levou à morte milhares de civis, ao violento desarraigamento de quase 200 mil refugiados e à criação de uma amputação injusta e instável de Chipre, que constituiu uma séria ameaça à paz, mesmo um quarto de século mais tarde. Suas tentativas de manter os registros selados são significativas; quando os arquivos relevantes forem abertos eles formarão parte de um libelo de acusação.

Em 10 de julho de 1976, a Comissão Européia de Direitos Humanos adotou um relatório; preparado por dezoito juristas de renome e presidido pelo professor J. E. S. Fawcett, é resultado de um ano de pesquisa sobre as conseqüências da invasão turca. Descobriu-se que o exército do país havia promovido matança deliberada de civis, execução de prisioneiros, tortura e maus-tratos aos detidos, punições coletivas arbitrárias, detenção em massa de civis, atos sistemáticos e não punidos de estupro, tortura e pilhagens. Um grande número de "desaparecidos", tanto prisioneiros de guerra como civis, continuam "desaparecidos" até hoje. Isso inclui uma dúzia de portadores de passaportes norte-americanos, o que é evidência de uma estratégia indiscriminada, uma vez que foi conduzida por um exército dependente da ajuda, inclusive material, norte-americana.

Talvez tenha sido a relutância em aceitar sua responsabilidade por essas atrocidades, assim como sua responsabilidade pelo golpe original de Sampson, que levou Kissinger a proferir uma seqüência de estranhas mentiras para seus novos amigos chineses. Em 2 de outubro de 1974, ele teve uma reunião de alto nível em Nova York com Qiao Guanhua, vice-ministro das Relações Exteriores da República Popular. Era a primeira reunião importante sino-norte-americana desde a visita de Deng Xiaoping, e o primeiro ponto de pauta era "Chipre". O memorando, que foi intitulado "ALTAMENTE SECRETO/CON-

FIDENCIAL", mostra Kissinger primeiro rejeitando a acusação pública da China de que ele havia auxiliado a arquitetar a derrubada de Makarios. "Nós não o fizemos. Nós não nos opusemos a Makarios." (Esta acusação é desmentida por suas próprias memórias.) Ele diz: "Quando o golpe aconteceu eu estava em Moscou", o que não é verdade. Ele diz: "Meu pessoal não considerou estes relatórios da inteligência seriamente (referindo-se a um golpe iminente)", embora eles os tivessem feito. Ele diz que nem mesmo Makarios os levou a sério, mesmo tendo o líder cipriota ido a público para denunciar a junta de Atenas por seus planos golpistas. Kissinger faz então uma afirmação impressionante: "Nós sabíamos que os soviéticos haviam dito aos turcos para invadir", o que faria desta a primeira invasão instigada pela União Soviética a ser conduzida por um exército da OTAN, e paga com ajuda norte-americana.

Um bom mentiroso precisa ter boa memória: Kissinger é um estupendo mentiroso com uma memória extraordinária. De forma que talvez algumas das suas mentiras histéricas sejam explicadas pelo contexto – pela necessidade de incluir os instintos anti-soviéticos chineses. Mas é tamanha a falsidade que sugere algo adicional; algo como negação ou ilusão, ou mesmo uma confissão feita de outra forma.

Timor Leste

Um outro pequeno mas significativo território teve a distinção de ser omitido – inteiramente omitido – das memórias de Kissinger. E, uma vez que o Timor Leste foi deixado fora do terceiro e último volume de suas memórias (*Years of Renewal*), não se pode esperar por apressadas mudanças de última hora. A história foi, para dizer pouco, retocada. E é razoavelmente fácil ver por que Kissinger evita discutir sobre um país cujo destino ele tanto afetou.

Vou relatar a questão rapidamente. Depois do colapso do regime fascista português, em abril de 1974, o império colonial do país se dissolveu com velocidade extraordinária. O poder metropolitano retinha controle somente do enclave de Macau, na costa da China, e mais tarde devolveu esse território a Pequim num tratado em 2000. Na África, depois de muitas vicissitudes, o poder foi tomado por movimentos de liberação com tendências socialistas que, por suas táticas de guerrilha, tinham impulsionado a própria revolução portuguesa e estreitado relações com sua primeira geração de ativistas.

No Timor Leste, situado no arquipélago indonésio, o vácuo pós-colonial foi a princípio preenchido por um movimento de esquerda, conhecido como Fretilin ou Frente para Libertação do Timor Leste. A base popular desse movimento estendia-se da Igreja Católica aos estudantes ocidentalizados, às vezes "leninizados", que haviam trazido convicções revolucionárias da "pátria-mãe". A Fretilin e seus aliados foram capazes de formar um governo, mas foram imediatamente submetidos à exorbitante pressão do seu gigantesco vizinho indonésio, então liderado por um ditador (já deposto e odiado por seu próprio povo), o general Suharto. Portugal, que tinha e tem responsabilidade legal, estava instável e distante demais para evitar

122 O JULGAMENTO DE KISSINGER

a infiltração de unidades indonésias regulares no Timor Leste e o início de uma evidente política expansionista de atrito e subversão. Essa tática foi tentada pelos generais em Jacarta por alguns meses, sob o pretexto esfarrapado de "auxiliar" as forças anti-Fretilin que eram, na verdade, forças indonésias infiltradas. Todos esses pretextos foram abandonados em 7 de dezembro de 1975, quando as Forças Armadas da Indonésia cruzaram a fronteira do Timor Leste, proclamando que o país seria inteiramente de propriedade indonésia (num ato não menos ilegal do que a proclamação, pelo Iraque, do Kuwait como "nossa décima nona província").

A resistência timorense à invasão foi tão ampla, e a violência exigida para impô-la tão cruel e generalizada, que o número de 100 mil mortes na primeira onda – talvez um sexto de toda a população – seja mesmo considerado uma subavaliação.

A data da invasão indonésia – 7 de dezembro de 1975 – é importante e também significativa. Nessa data, o presidente Gerald Ford e seu secretário de Estado, Henry Kissinger, concluíram uma visita a Jacarta e voaram para o Havaí. Tendo recém-saído de uma reunião com a junta militar indonésia, e uma vez que os Estados Unidos eram o principal fornecedor de equipamento militar à Indonésia (e já que Portugal, um aliado da OTAN, havia rompido relações diplomáticas com a Indonésia nessa época), parecia razoável perguntar se os dois líderes haviam dado aos invasores qualquer impressão relacionada a um "sinal verde". Dessa forma, quando Ford e Kissinger pousaram no Havaí, os repórteres pediram ao presidente que comentasse a invasão do Timor. Ford foi evasivo.

> Ele sorriu e disse: "Falaremos sobre isso mais tarde". Mas o secretário de imprensa, Ron Nessen, mais tarde disse o seguinte: "Os Estados Unidos estão sempre preocupados com o uso da violência. O presidente espera que isso possa ser resolvido pacificamente".

A literal incoerência dessa declaração – a idéia de uma resolução pacífica para o uso unilateral da violência – poderia talvez ter alguma coerência interna: a esperança de uma vitória rápida por uma força esmagadora. Kissinger fez com que as suspeitas ficassem mais próximas da confirmação quando, ainda em solo polinésio, comentou sinceramente aos jornalistas em Jacarta que "Os Estados Unidos não reconheceriam a república declarada pela Fretilin, e que os norte-americanos entendiam a posição da Indonésia sobre a questão".

Foram tão pavorosos os relatórios que se seguiram de genocídio, estupro e uso deliberado da fome que tal franqueza soou dissonante. A matança de vários jornalistas australianos que haviam testemunhado as atrocidades indonésias, a devastação da capital Dili e a tenacidade da imensa e desarmada resistência rural da Fretilin fez com que o Timor Leste se tornasse motivo de vergonha em vez de uma propaganda para a nova ordem de Jacarta. Kissinger geralmente tentava evitar qualquer discussão de seu envolvimento no extermínio dos timorenses – um crescente envolvimento, desde que ele autorizou os despachos clandestinos de armas àqueles que o fizeram – e foi auxiliado nisso por seu embaixador nas Nações Unidas, Daniel Patrick Moynihan, que mais tarde confidenciou em suas memórias, *A Dangerous Place* (Um lugar perigoso), que em termos relativos a contagem de mortos no Timor Leste durante os dias iniciais da invasão foi "quase o número de baixas registradas pela União Soviética durante a Segunda Guerra". Moynihan continuou:

> Os Estados Unidos queriam que as coisas terminassem como terminaram, e trabalharam nesse sentido. O Departamento de Estado desejava que as Nações Unidas se provassem inteiramente incapazes em quaisquer medidas que tomassem. Essa tarefa me foi incumbida, e eu a desempenhei com sucesso.

Os termos "Estados Unidos" e "Departamento de Estado" foram aqui porcamente adulterados por este suposto mestre da prosa, uma vez que são usados como sinônimos para Henry Kissinger.

Vinte anos mais tarde, em 11 de agosto de 1995, Kissinger foi confrontado com perguntas diretas sobre o assunto. Ao divulgar e promover seu livro *Diplomacy*[25] em um evento apoiado pelo Learning Exchange no Park Central Hotel em Nova York, ele talvez (tendo omitido o Timor do seu livro e da sua palestra) não tenha previsto a primeira linha de questionamento que surgiu. Constancio Pinto, um antigo líder de resistência no Timor que havia sido capturado e torturado, e havia fugido para os Estados Unidos, era o primeiro da fila:

> *Pinto:* Eu sou timorense. Meu nome é Constancio Pinto. E eu acompanhei o seu discurso hoje e achei realmente interessante. Uma coisa que eu sei que

---

[25] *Diplomacia*. Trad. de Saul Jefter e Ann Mary F. Perpétuo. 2ª ed. revisada por Heitor Aquino Ferreira. Rio de Janeiro, Francisco Alves/UniverCidade, 1999. (N.E.)

o senhor não mencionou é esse lugar invadido pela Indonésia em 1975. É no sudeste da Ásia. Como resultado da invasão, duzentos mil timorenses foram mortos. Pelo que eu sei, o doutor Kissinger esteve na Indonésia um dia antes da invasão do Timor Leste. Os Estados Unidos, na verdade, apoiaram a Indonésia no Timor Leste. Então eu gostaria de saber o que o senhor estava fazendo naquela época?

Kissinger: O que eu estava fazendo naquela época? O tempo todo ou apenas em relação ao Timor? Antes de mais nada, eu gostaria de agradecer ao cavalheiro por colocar sua pergunta de uma maneira tão educada. A última vez que alguém do Timor veio até mim foi na Oxford Union e eles praticamente destruíram o lugar antes de fazer a pergunta.

O que a maioria das pessoas que lida com o governo não compreende é como a experiência de estar em uma posição de grande poder é avassaladora. Existem sempre mais problemas do que você possa dar conta em qualquer período. E quando você está dentro de uma política global e é um poder global, existem inúmeras demandas.

Agora, a questão do Timor. Primeiro você deve entender o que é o Timor, e qual é sua questão. Todas as ilhas ocupadas pelos holandeses no período colonial formavam a República da Indonésia. No meio do seu arquipélago existia uma ilha chamada Timor. Ou melhor, existe uma ilha chamada Timor. Metade dela era indonésia e à outra metade, portuguesa. Esta era a situação. Eu não quero ofender o cavalheiro que fez a pergunta, mas tínhamos tantos problemas para resolver naquela época! Angola estava em guerra, nós havíamos sido expulsos do Vietnã, estávamos conduzindo negociações no Oriente Médio, e a guerra no Líbano havia começado. Nós estávamos viajando para a China. Talvez, infelizmente, não estivéssemos mesmo pensando sobre o Timor. Estou lhe dizendo a verdade dos fatos. A razão de termos estado na Indonésia foi puramente acidental. Nossa intenção original era ir à China por cinco dias. Quando digo nós quero dizer o presidente Ford, eu próprio e outros. Mao estava doente nessa época, e tinha havido um levante na China. A então chamada Gangue dos Quatro estava se tornando dominante, e tivemos dificuldade para chegar a um acordo com os chineses sobre aonde ir. De forma que abreviamos nossa viagem. Nós fomos à China por dois dias, e então passamos um dia e meio nas Filipinas, e um dia e meio na Indonésia. Foi assim que chegamos à Indonésia em primeiro lugar. Foi nessa época que dissemos aos chineses que não dependíamos deles. E foi assim que chegamos à Indonésia. O Timor nunca foi tema de discussão quando estávamos na Indonésia. Ao partir, no aeroporto, os indonésios nos disseram que iriam ocupar a colônia portuguesa do Timor. Não nos pareceu um evento muito significativo, e como os indianos haviam ocupado a colônia de Goa dez anos antes, para nós parecia ser um outro processo de descolonização. Ninguém fazia a mínima idéia do que aconteceria depois, e ninguém pediu nossa opinião, e eu não sei o que diria se alguém houvesse pedido minha opinião. Contaramnos, literalmente, quando estávamos de saída.

Bem, depois disso, seguiu-se a terrível tragédia humana no Timor. A população do Timor Leste resistiu, e eu não sei se os dados sobre as baixas estão corretos.

Eu não sei... Mas eles são sem dúvida significativos, e não há dúvidas de que foi uma imensa tragédia. Tudo o que estou dizendo é o que sabíamos em 1975. Não era um assunto que nos chamasse a atenção. Ninguém mais ouviu falar de Goa depois que os indianos a ocuparam. E para nós, o Timor, olhe no mapa, é uma pintinha de ilha em um imenso arquipélago, metade do qual é português. Nós não tínhamos nenhuma razão para dizer que os portugueses deveriam permanecer lá. E então, quando os indonésios nos informaram, não dissemos nem sim nem não. Nós estávamos literalmente no aeroporto. Essa foi, portanto, nossa ligação com a questão. Mas eu concordo, com o senhor que fez a pergunta, que foi de fato uma grande tragédia.

Allan Nairn: Senhor Kissinger, meu nome é Allan Nairn. Sou jornalista nos Estados Unidos. Sou um dos norte-americanos que sobreviveu ao massacre no Timor Leste em 12 de novembro de 1991. Um massacre durante o qual as tropas indonésias, armadas com fuzis M-16 norte-americanos, mataram pelo menos 271 civis timorenses em frente ao cemitério católico de Santa Cruz, onde estavam reunidos num ato de protesto pacífico e de luto. Agora, o senhor acabou de dizer que em sua reunião com Suharto, na tarde de 6 de dezembro de 1975, vocês não discutiram sobre o Timor, e não o fizeram até que chegassem ao aeroporto. Bem, eu tenho aqui a transcrição oficial do Departamento de Estado das conversações com o general Suharto, o ditador da Indonésia. Foi obtido e editado através do Ato de Liberdade de Informação[26], de forma que o texto inteiro não está aqui. Na parte do texto que está aqui, consta que, na verdade, vocês discutiram a invasão do Timor com Suharto, fato que me foi confirmado pelo próprio presidente Ford durante uma entrevista. O presidente Ford me disse que realmente vocês discutiram a iminente invasão do Timor com Suharto e que deram...

Kissinger: Quem? Eu ou ele?

Nairn: Que o senhor e o presidente, juntos, deram aprovação norte-americana para a invasão do Timor Leste. Existe um outro memorando interno do Departamento de Estado que mostra uma interessante citação, e de que posso fornecer cópia a qualquer um na audiência que se interessar. É um memorando de uma reunião, em 18 de dezembro de 1975, realizada no Departamento de Estado. Foi realizada depois do seu retorno daquela viagem. O senhor estava repreendendo seu pessoal, por ter colocado no papel uma descoberta do conselheiro legal do Departamento de Estado de que a invasão foi ilegal, e que não somente havia violado a lei internacional como também um tratado com as Nações Unidas, uma vez que armas norte-americanas foram usadas. Fica claro por meio dessa transcrição, que eu convido qualquer um na audiência a ler com atenção, que o senhor estava furioso com eles no início, porque temia que este memorando vazasse, e, segundo, porque o senhor estava apoiando a ocupação indonésia no Timor Leste e não queria que soubessem que estava fazendo o contrário do aconselhado pelo seu próprio Departamento de Estado. Dezesseis horas depois que o

---

[26] Lei norte-americana que permite que todo documento secreto seja tornado público após algum tempo.

126 O JULGAMENTO DE KISSINGER

senhor havia deixado aquela reunião com Suharto, as tropas indonésias começaram a descer de pára-quedas em Dili, a capital do Timor Leste. Eles desembarcaram e começaram os massacres que culminaram na eliminação de um terço da população timorense. Vocês anunciaram uma ajuda militar redobrada na época, e, enquanto isso, nas Nações Unidas, as instruções dadas ao embaixador Daniel Patrick Moyniham, como ele escreveu em suas memórias, eram de se certificar que as Nações Unidas fossem extremamente ineficientes em quaisquer ações que tomassem no Timor Leste... [gritos na platéia]

Kissinger: Olhe, eu acho que nós todos chegamos a um ponto agora...

Nairn: Minha pergunta, senhor Kissinger, minha pergunta, doutor Kissinger, é dupla. Primeiro: o senhor dará permissão, segundo o Ato de Privacidade, para liberar inteiramente o conteúdo deste memorando de forma que possamos ver exatamente o que o senhor e o presidente Ford disseram a Suharto? Segundo: o senhor apoiaria a convocação de um tribunal de crimes de guerra internacional, sob a supervisão das Nações Unidas, sobre o Timor Leste, e concordaria em submeter-se ao seu veredicto com relação à sua própria conduta?

Kissinger: Quer dizer, ahn... Olhem, esse tipo de comentário é uma das razões pela qual a conduta de uma política externa está se tornando praticamente impossível sob essas condições. Aqui está um sujeito com uma obsessão; ele tem um problema, e coleta uma porção de documentos, você não sabe o que contêm esses documentos...

Nairn: Eu convido o seu auditório a lê-los.

Kissinger: Bem, leia-os. Ahn... Os fatos são essencialmente como eu os descrevi [tropeça no palanque]. O Timor não era um problema significativo para a política norte-americana. Se Suharto levantou o assunto, se Ford disse alguma coisa que soou encorajadora, não era um problema significativo de política externa norte-americana. Parecia-nos ser um problema anticolonial, no qual os indonésios estavam tomando o Timor, e nós não tínhamos absolutamente nenhuma razão naquela época para dar uma imensa atenção a isso.

Segundo, você tem que entender estas coisas no contexto do período. O Vietnã havia acabado de cair. Ninguém sabia ainda qual seria o efeito dominó. A Indonésia era... é um país de uma população de 160 milhões e a chave, o país-chave no sudeste da Ásia. Nós não queríamos problemas com a Indonésia, e a razão de minha objeção junto ao Departamento de Estado em colocar isso no papel era que não é o tipo de coisa que se escreva. Era o que estava circulando nas embaixadas e seguramente vazaria. O assunto certamente conduziria a alguma confrontação pública, e pelo melhor ou pior, nossa posição básica com relação às questões de direitos humanos era sempre tentar discuti-los primeiro silenciosamente, antes que se transformassem em confrontação pública. Esta foi nossa política com respeito à emigração da Rússia, que ao final provou estarmos certos, e esta era a política que tentávamos seguir com relação à Indonésia. Agora, qualquer um pode ir e encontrar algum documento, extrair uma sentença do texto e tentar provar alguma coisa fundamental. Mas acho que já ouvimos o suficiente sobre o Timor Leste. Vamos ouvir perguntas sobre algum outro assunto [aplausos do auditório].

Amy Goodman: Doutor Kissinger, o senhor disse que os Estados Unidos conseguiram tudo o que queriam na Guerra Fria até aqui. Eu queria retornar ao ponto da Indonésia antes que o auditório comece a vaiar, apenas para dizer como o senhor fala sobre a China, a Índia, e a Indonésia, que é o quarto maior país do mundo. Eu gostaria de fazer uma pergunta que está no ar sobre o Timor Leste. Isto é, tomando-se o que aconteceu em vinte anos, as 200 mil pessoas que foram mortas, de acordo com a Anistia, com a Asia Watch[27], mesmo de acordo com os militares indonésios... O senhor vê isso como um sucesso dos Estados Unidos?

Kissinger: Não, mas eu acho que é uma política norte-americana. Não podemos ser e não somos responsáveis por tudo o que acontece em todo lugar no mundo [aplausos do auditório].

Goodman: Exceto pelo fato de que 90% das armas utilizadas durante a invasão eram dos Estados Unidos, e isso continua até os dias de hoje. Portanto, dessa forma estamos intimamente ligados à Indonésia, infelizmente. Por conta disso, eu estava imaginando se o senhor acha que isso é um sucesso, e se também – como o senhor tem livre acesso à Freeport McMoRan, empresa que tem a maior operação de mineração de ouro do mundo na Indonésia, em Iriam Jaya –, se o senhor está fazendo pressão, uma vez que a Freeport é uma grande lobista no Congresso em favor da Indonésia, para mudar esta estratégia e para apoiar a autonomia do Timor Leste?

Kissinger: Os... Ahn... Os Estados Unidos... como regra geral, não podem ser responsabilizados pela... utilização de armas americanas em conflitos civis. Nós deveríamos tentar ao máximo evitar isso. Ahn... Eu não acho que uma corporação americana, envolvida em negócios particulares numa área bem distante do Timor, mas na Indonésia, devesse... se envolver nesse assunto, porque se o fizerem, nenhuma empresa americana privada jamais será bem-vinda no lugar.

Goodman: Mas eles o fazem todos os dias, e fazem *lobby* no Congresso.

É interessante notar, na última resposta de Kissinger, a desestruturação da sua normalmente eficiente e quase robótica sintaxe. (Para mais material sobre seu envolvimento com a Freeport McMoRan e suas outras empresas em um complexo militar-político-comercial privatizado, ver capítulo Epílogo: a margem de lucro.) É também fascinante ver as operações do seu mecanismo de defesa. Se Kissinger e seu patrão Nixon fossem identificados com alguma crença básica, seria a de que os Estados Unidos nunca deveriam ser, ou parecer ser, um piedoso e indefeso gigante. Os próprios escritos de Kissinger e seus discursos são fortemente carregados

---

[27] Organização não-governamental que trabalha em defesa dos direitos humanos.

128 O JULGAMENTO DE KISSINGER

com a retórica sobre "credibilidade" e a necessidade de impressionar amigos e inimigos com o brio da resolução norte-americana.
Ainda assim, em resposta a qualquer investigação que possa implicá-
lo em crime e malogro, ele se apressa em humilhar seu próprio
país e seus subordinados, sugerindo que eles sabem pouco, não
se importam, são desinformados e influenciados pelo ritmo dos
acontecimentos. Ele também recorre a um isolacionismo demagó-
gico, utilizando-se de expressões que fazem parecer que os Estados Unidos podem ser influenciados por qualquer ambiciosa ou
irredutível república das bananas.

Essa mudança semiconsciente de retórica também leva a episódios renovados de mentiras histéricas e improvisadas. (Lembram-se
de sua afirmação aos chineses de que era a União Soviética que
havia instigado a invasão turca em Chipre?) A idéia de que a anexação do Timor pela Indonésia possa ser comparável à ocupação de
Goa pela Índia é absurda. O que Kissinger parece gostar na comparação é a rapidez com que Goa foi esquecida. O que ele parece
omitir é que foi esquecida porque: 1) não foi um banho de sangue,
e 2) completou a descolonização da Índia. O banho de sangue no
Timor Leste representou a *consolidação* de sua colonização pela
Indonésia. E, claramente, a invasão indonésia que começou poucas
horas depois de Kissinger ter tirado os pés da pista do aeroporto em
Jacarta deve ter sido planejada e acertada vários dias antes de sua
chegada. Tais planos devem ter sido conhecidos por qualquer adido militar da embaixada que merecesse o título, e certamente por
qualquer secretário de Estado visitante. Nós temos a palavra de C.
Philip Liechty, um antigo operador da CIA na Indonésia, de que

> Suharto recebeu sinal verde para fazer o que fez. O assunto foi discutido
> por correspondência entre a embaixada e o Departamento de Estado, men-
> cionando os problemas que nos acarretaria se o público e o Congresso
> viessem a saber do nível e do tipo de assistência militar que estava sendo
> fornecida à Indonésia naquela época. Sem o pesado e contínuo apoio
> militar norte-americano, os indonésios não teriam sido capazes de levar a
> cabo o seu plano.

Uma vez que a responsabilidade legal e internacional pelo Timor
Leste era de Portugal, um aliado de longa data dos Estados Unidos
na OTAN, a decisão de desconsiderar o fato, ou pelo menos de não
dizer nada aos indonésios a respeito, deve ter sido deliberada. Dada
a aguda preocupação de Kissinger com o destino do *império* portu-

guês – como veremos –, deve ter acontecido mais do que isso. Não foi certamente resultado de desatenção ou da pressão de outros acontecimentos mundiais na colônia portuguesa de Angola (de acordo com o próprio exemplo citado por Kissinger).

O desejo de Kissinger de parecer não estar envolvido – se formos condescendentes – pode ter talvez surgido pelo fato de até o próprio ministro do Exterior da Indonésia, Adam Malik, ter apresentado em público uma contagem total de mortos entre 50 e 80 mil civis nos primeiros 18 meses da guerra de ocupação (sob a tutela de Kissinger), tendo assim infringido as leis norte-americanas por entregar armas a matadores. Agora que uma forma de democracia voltou à Indonésia, que no seu primeiro ato pós-ditatorial renunciou à anexação do Timor Leste e – depois do último banho de sangue – retirou-se, nós poderemos compreender precisamente a extensão do genocídio.

A conduta sorrateira de Kissinger é esclarecida pelo telegrama do Departamento de Estado, em dezembro de 1975, e pelo memorando subseqüente a ele. Na verdade, as decisões essenciais sobre as colônias de Portugal haviam sido feitas durante o mês de julho anterior, quando Kissinger obteve permissão presidencial para um programa secreto de intervenção militar, articulado junto aos sul-africanos e ao general Mobutu, para impor um regime tribalista em Angola. No mês seguinte, ele informou aos generais indonésios que não iria se opor à intervenção no Timor Leste. A única barganha em dezembro envolvia um pedido à Indonésia para que retardasse o início de sua própria aventura colonial até que o *Air Force One,* levando Ford e Kissinger, tivesse deixado o espaço aéreo indonésio.

Esse padrão de "negação" não resolveu duas questões legais, ambas na área do Departamento de Estado. A primeira foi a violação da lei internacional pela Indonésia, em um caso cuja jurisdição era claramente de responsabilidade portuguesa e do governo da OTAN, o que Kissinger não aprovou (como parte de seu esforço pela "descolonização"). O segundo foi a violação da lei norte-americana, que estipulava que as armas fornecidas à Indonésia deveriam ser utilizadas somente para autodefesa. Os representantes do Departamento de Estado, se atentos à lei, deveriam também concluir que a ajuda norte-americana aos generais em Jacarta deveria ser suspensa. Um memorando liberado do Departamento do Estado resumindo o caso foi motivo de muita confusão interna, como mostrado a seguir.

SECRETO/SENSÍVEL
MEMORANDO DE CONVERSAÇÃO

Participantes: O Secretário [Henry Kissinger]
Secretário Assistente [Robert] Ingersoll
Subsecretário [para Assuntos Políticos Joseph] Sisco
Subsecretário [Carlyle] Maw
Subsecretário Assistente [Lawrence] Eagleburger
Secretário Assistente [Philip] Habib
Monroe Leigh, Conselheiro Legal
Jerry Bremer, Redator
Data: 18 de dezembro de 1975
Assunto: Política do Departamento

O Secretário [Kissinger]: Eu gostaria de saber o que diabos aconteceu no Departamento na minha ausência. Até a semana passada eu pensava que tínhamos um grupo disciplinado; agora estamos completamente em pedaços. Olhem este telegrama sobre o Timor Leste. Vocês sabem o que penso e qual é meu posicionamento, e qualquer um que conheça minha posição deve saber que eu não aprovaria isto. A única conseqüência é registrar a si próprio. É uma desgraça tratar o secretário de Estado dessa maneira...
Qual seria uma explicação plausível para isto? Eu lhes alertei para parar com o assunto silenciosamente. O que o seu pessoal está fazendo, Phil, para deixar isto acontecer? Não posso compreender. Está errado na essência e no procedimento. É uma desgraça! Você estava aqui?
Habib: Não.
...
Habib: Nossa avaliação foi de que se fosse dar problema aconteceria antes do seu retorno. Disseram-me que eles haviam decidido que seria desejável que enviássemos o telegrama.
[Kissinger]: Bobagem. Eu disse, faça-o por algumas semanas e então abra novamente.
Habib: O telegrama não vai vazar.
[Kissinger]: Com certeza vai, e irá para o Congresso também, e então seremos chamados para audiências.
Habib: Eu não estava aqui, me contaram por telegrama que havia acontecido.
[Kissinger]: Quer dizer que são *dois* telegramas então! Isso quer dizer que vinte caras o viram.
Habib: Não, eu o recebi pelo canal secreto – era somente um parágrafo disfarçado e cifrado, mas eu sabia do que se tratava. Disseram-me que Leigh pensou haver uma exigência legal para fazê-lo.
Leigh: Não, eu disse que poderia ser feito administrativamente. Não era do nosso interesse fazê-lo legalmente.
Sisco: Disseram-nos que você havia decidido que tínhamos que parar.

TIMOR LESTE 131

[Kissinger]: Espere um minuto, só um minuto. Todos vocês conhecem meu ponto de vista a respeito disso. Vocês devem ter um *FSO-8* [Funcionário de Serviço Externo, Classe Oito] que sabe isso bem. Terá um impacto devastador na Indonésia. Vocês estão sofrendo à toa. Ninguém disse que foi agressão.
Leigh: Os indonésios violaram um acordo conosco.
[Kissinger]: Quando os israelenses invadiram o Líbano – quando foi a última vez que protestamos contra isso?
Leigh: Foi uma situação diferente.
Maw: Foi autodefesa.
[Kissinger]: E nós não podemos considerar um governo comunista no meio da Indonésia como autodefesa?
Leigh: Bem...
[Kissinger]: Então você está dizendo que armas não podem ser utilizadas para defesa?
Habib: Não, elas podem ser usadas para a defesa da Indonésia.
[Kissinger]: Agora olhe para este tema básico que está surgindo em Angola. Os *SOBs* [Funcionários de baixa classificação] estão vazando todo esse *treco* para [o repórter do jornal *New York Times*] Les Gelb.
Sisco: Eu posso lhe dizer quem.
[Kissinger]: Quem?
Sisco: [Um membro do CSN, William] Hyland falou para ele.
[Kissinger]: Espere um minuto – Hyland contou...
Sisco: Ele resumiu a história para ele.
[Kissinger]: Eu quero que essas pessoas saibam que nossa preocupação em Angola não é a riqueza econômica ou uma base naval. Tem a ver com a URSS operando a 13 mil quilômetros de distância, quando todos os estados vizinhos estão pedindo nossa ajuda. Isso afetará os europeus, os soviéticos e os chineses.
Na questão do Timor, isso vazará em três meses, e a história vai ser que *Kissinger passou por cima dos seus puros burocratas e violou a lei.* Quantas pessoas em L [no escritório do conselheiro legal] sabem a respeito disso? [destaque adicionado]
Leigh: Três.
Habib: Há pelo menos dois do meu pessoal.
[Kissinger]: E mais todo mundo na reunião, então estamos falando sobre não menos do que 15 ou 20 pessoas. Vocês têm a responsabilidade de reconhecer que estamos vivendo em uma situação revolucionária. Tudo no papel será usado contra mim.
Habib: Nós fazemos isso e temos consciência disso o tempo todo.
...
[Kissinger]: Todo dia algum SOB no departamento está falando sobre Angola mas ninguém está defendendo Angola. Encontre uma citação no artigo de Gelb defendendo nossa política em Angola.
Habib: Eu acho que os vazamentos e desacordos são um peso que você tem que suportar.
[Kissinger]: Mas os responsáveis deste departamento poderiam ter destruído o AF [*Bureau* de Assuntos Africanos].
Ingersoll: Disseram-me que veio do rio acima.
Eagleburger: De jeito nenhum.
[Kissinger]: Não seja ridículo! Está escrito lá. Lê-se "Gelb". Alguém já ligou para o

[secretário assistente de Estado para Assuntos Africanos, William] Schaufele e disse para ele tomar conta da sua casa? Isso não é coisa pequena. Nós vamos perder, e muito! O Presidente disse aos chineses que íamos permanecer firmes em Angola, e duas semanas mais tarde nós saímos. Eu vou a uma reunião da OTAN, enquanto o departamento vaza que estamos preocupados com uma base naval e diz que é um exagero ou aberração de Kissinger. Eu não me importo com o petróleo ou a base, mas eu realmente me importo com a reação africana quando virem os soviéticos conseguindo, e nós sem fazermos nada. Se os europeus disserem: se eles não podem segurar Luanda, como poderão defender a Europa? Os chineses dirão que somos um país que saiu correndo da Indochina por conta de 50 mil homens, e agora está correndo de Angola por menos de US$ 50 milhões. Onde foram as reuniões aqui ontem? Houve alguma reunião?

...

[Kissinger]: Não pode ser que nosso acordo com a Indonésia diga que as armas são somente para propósitos internos. Eu acho que você descobrirá que diz que elas estão sendo legitimamente utilizadas para autodefesa.

Há dois problemas. Vocês tinham a obrigação de ter discutido comigo a essência do caso. O segundo é como colocar essas coisas para mim. Mas colocar isso num telegrama, 30 horas antes do meu retorno, sabendo como os telegramas são manuseados neste prédio, garante que isto será um desastre nacional e que transcenderá o que quer que [o conselheiro assessor legal George] Aldrich tenha em sua mente febril.

Eu cuidei do caso administrativamente mandando que Carlyle [Maw] não faça mais nenhuma venda. Como esta situação vai melhorar em seis semanas?

Habib: Eles mesmos podem arrumar tudo.

Kissinger: O Departamento está dividido e chegou ao ponto de desobedecer ordens explícitas.

Habib: Nós enviamos o telegrama porque achamos que fosse necessário, e que precisava de sua atenção. Isso foi há dez dias.

[Kissinger]: Bobagem. Quando eu recebi o telegrama, Jerry?

Bremer: Não antes do final de semana. Acho que no domingo.

[Kissinger]: Você deveria saber qual era o meu ponto de vista a respeito. *Ninguém que tenha trabalhado comigo nos dois últimos anos poderia não saber qual é o meu ponto de vista sobre o Timor.* [destaque adicionado]

Habib: Bem, vamos dar uma olhada nisso – e falar com o Leigh. Ainda há alguns procedimentos legais. Eu não posso compreender por que saiu, se não era legalmente exigido.

[Kissinger]: Estou errado em assumir que os indonésios serão destruídos se ouvirem a respeito disto?

Habib: Bem, é melhor do que parar. Poderia ser feito num nível baixo.

[Kissinger]: Nós temos quatro semanas antes que o Congresso volte. É um bocado de tempo.

Leigh: A forma de lidar com o corte administrativo seria dizer que estamos estudando a situação.

[Kissinger]: E 36 horas seria um grande problema?

Leigh: Nós fizemos uma reunião no escritório do Sisco e decidimos enviar a mensagem.

[Kissinger]: Eu conheço a lei, mas como pode ser de interesse dos Estados Unidos

desistirmos de Angola e chutarmos os indonésios? Uma vez no papel, haverá uma porção de FSO-6s que vão se sentir muito bem de escrever para o Painel Aberto do Fórum sobre a coisa, mesmo que no final eu tenha razão.
Habib: O segundo problema sobre o vazamento de telegramas é diferente.
[Kissinger]: Não, é um fato empírico.
Eagleburger: Phil, é um fato. Não dá para dizer que um telegrama NODIS qualquer [Nenhuma Distribuição: o nível mais restrito de classificação] vazará, mas você pode ter certeza de que alguém, em três ou seis meses, questionará a respeito desse telegrama no Congresso. Faz parte do registro escrito, será encontrado algum dia.
[Kissinger]: Vocês são responsáveis pelo interesse nacional. Eu não me importo se vendemos equipamentos à Indonésia ou não. Eu não ganho nada com isso, eu não recebo nenhuma propina. Mas vocês têm a obrigação de descobrir como servir o seu país. Serviço Externo não se faz sozinho; significa trabalhar para os Estados Unidos, e não para o Serviço Externo.
Habib: Eu pensei estar fazendo isso com aquele telegrama.
[Kissinger]: No minuto em que você coloca isto no sistema, é impossível resolvê-lo sem ser descoberto.
Leigh: Só uma pergunta. O que diremos ao Congresso se formos questionados?
[Kissinger]: Nós interrompemos o assunto para estudarmos a questão. Nós pretendemos iniciar novamente em janeiro.

A entrega de armas pesadas para utilização contra alvos foi realmente retomada em janeiro de 1976, depois de um curto intervalo no qual o Congresso foi desviado como anunciado. Ninguém, isso deve ser dito, saiu especialmente bem dessa reunião; os funcionários públicos do Secretário eram todos "ingênuos". Em completo contraste com suas declarações públicas, ainda se pode observar que Kissinger:

1. Absteve-se de mencionar Goa.
2. Não se importou em encobrir suas idéias de longa data sobre o assunto, repreendendo seus subordinados por serem obtusos e desconhecerem seu ponto de vista.
3. Não pareceu surpreso pelos acontecimentos no Timor Leste.
4. Admitiu que estava agindo em desacordo com a lei.
5. Sentiu que era necessário negar que poderia lucrar pessoalmente com os carregamentos de armas, embora ninguém o houvesse questionado.

Evidentemente, havia uma dialética na mente de Kissinger entre Angola e o Timor Leste, ambas a muitos quilômetros de distância das fronteiras dos Estados Unidos e da Rússia, mas ambas vistas como testes para sua própria dignidade. (Os "estados vizinhos" aos quais ele alude no caso angolano eram a África do Sul do *apartheid* e o

134 O JULGAMENTO DE KISSINGER

Zaire do general Mobutu: a maioria dos países africanos se opôs à sua intervenção em favor dos tribalistas e das milícias pró-Africa do Sul em Angola. Os regimes favorecidos por ele têm desde então entrado em degradante colapso; os Estados Unidos agora reconhecem o MPLA[28], com todos os seus defeitos, como o governo legítimo de Angola. E, naturalmente, nenhum europeu jamais sentiu que o destino do Ocidente dependesse do jogo de Kissinger em Luanda.)

Que Kissinger tenha compreendido a continuidade da soberania legal de Portugal no Timor Leste é mostrado pelo memorando de uma reunião em Camp David entre ele, o general Suharto e o presidente Ford, no dia 5 de julho de 1975. Quase todo o texto foi apagado pela redação oficial, e grande parte da discussão é confusa; exceto a ansiedade da administração em fornecer equipamento naval, aéreo e militar para a junta. Mas num determinado ponto, um pouco antes que Kissinger faça sua entrada, o presidente Ford pergunta ao seu convidado: "Os portugueses já marcaram uma data para permitir que o povo do Timor faça sua escolha?". A resposta completa foi apagada, mas que nunca se diga que o Departamento de Estado e Kissinger não souberam que Portugal estava habilitado, até mesmo comandado, a realizar eleições livres para os timorenses. É improvável que Suharto, na resposta apagada, estivesse assegurando a seu anfitrião que tal eleição aberta seria ganha por candidatos favoráveis à anexação da Indonésia.

Em 9 de novembro de 1979, a coluna de Jack Anderson, no jornal *Washington Post*, publicou uma entrevista sobre o Timor Leste com o ex-presidente Ford e vários documentos retirados de circulação por motivos de segurança nacional relacionados com a agressão de 1975. Um dos últimos documentos descreve como os generais indonésios estavam pressionando Suharto para "autorizar uma intervenção militar direta", enquanto um outro informa os senhores Ford e Kissinger que Suharto discutiria a questão do Timor Leste em sua reunião de dezembro de 1975 e iria "tentar extrair uma atitude favorável". O ingênuo Ford parecia feliz ao dizer a Anderson que o interesse dos Estados Unidos "era dar apoio à Indonésia". Ele poderia ou não estar ciente de que estava contradizendo tudo o que Kissinger sempre dissera a respeito do assunto.

---

[28] Movimento Popular para a Libertação de Angola.

Um trabalho "sujo" em Washington?

Como já vimos mais de uma vez, Kissinger tem a tendência de personalizar sua política. Seus atos conduziram direta e deliberadamente à morte centenas de milhares de anônimos, mas também tiveram como alvos certos indivíduos "inconvenientes" – general Schneider, arcebispo Makarios, xeique Mujib. E, como já vislumbramos mais de uma vez, Kissinger tem um prazer especial pela *vendetta* de Washington e por vinganças especialmente dirigidas.

É possível que essas duas tendências tenham convergido num caso único: um plano para raptar e matar um homem chamado Elias P. Demetracopoulos. O senhor Demetracopoulos é um famoso jornalista grego, com vários registros de oposição à ditadura que transfigurou seu país entre 1967 e 1974. No curso desses anos, ele fez de Washington seu lar, ganhando a vida como consultor de uma respeitável empresa em Wall Street. Inúmeros senadores, congressistas, funcionários do Capitólio, diplomatas e repórteres testemunharam a extraordinária campanha solitária de *lobby* e coleta de informações que ele desenvolveu contra os bandidos militares que haviam usurpado o poder em Atenas. Uma vez que a mesma junta tinha a simpatia de interesses poderosos em Washington, Demetracopoulos foi obrigado a combater em duas frentes, e fez (como será mostrado a seguir) alguns inimigos influentes.

Depois do colapso da ditadura grega em 1974 – um fim ocasionado pelos acontecimentos discutidos no capítulo sobre Chipre –, Demetracopoulos conseguiu ter acesso aos arquivos da polícia secreta em Atenas, e confirmou aquilo de que já suspeitava havia muito tempo. Haviam tentado raptá-lo e matá-lo mais de uma vez. Os arquivos detidos pela KYP – o equivalente à CIA grega – revelaram que o então ditador, George Papadopoulos, e seu chefe de segurança Michael Roufogalis contataram várias vezes a missão militar grega em Washington exatamente com esse propósito em mente. Impresso com as palavras "COSMIC: ESTRITAMENTE CONFIDENCIAL" – a mais alta classificação de segurança –, essa troca de informações envolvia inúmeros esquemas. Eles tinham em comum, é interessante observar, o desejo de ver Demetracopoulos detido e repatriado. Um assassinato em Washington seria por demais embaraçoso; além disso, haveria a necessidade de interrogar Demetracopoulos antes de despachá-lo. (A junta grega foi expulsa, em 1970, do Conselho Europeu, por conta da utilização sistemática de tortura contra os opositores políticos. Uma série de julgamentos públicos realizados em Atenas, depois de 1974, condenaram torturadores e seus líderes políticos a longas sentenças de prisão.) Um dos planos era trazê-lo como clandestino em um avião de carreira grego; outro, colocá-lo num avião militar grego; outro ainda, trazê-lo a bordo de um submarino. (Se não fosse pela comprovada irracionalidade e pelo comportamento maníaco dos líderes da junta, pelo menos o terceiro item dos planos poderia ser considerado uma fantasia.) Uma sentença em particular salta aos olhos dos telegramas COSMIC:

> Podemos contar com a cooperação de várias agências do governo norte-americano, embora se espere que a reação do Congresso seja violenta.

Esta era uma estimativa moderada: a CIA e o CSN em particular eram sabidamente simpáticos à junta, enquando Demetracopoulos contava com o benefício de muitas amizades entre senadores e membros do Congresso.

Tentando descobrir que tipo de "cooperação" as agências poderiam ter oferecido, Demetracopoulos contratou, em 1976, um advogado – William A. Dobrovir, do escritório Dobrovir, Oakes e Gebhardt em Washington – e entrou com um pedido judicial por meio do Ato de Liberdade de Informação e do Ato de Privacidade. Ele conseguiu obter centenas de documentos do FBI, da CIA e do Departamento de Estado, assim como do Departamento de Justiça e do Pentágono. Grande parte desses documentos mostrava que cópias haviam sido fornecidas ao CSN, então sob o comando de Henry Kissinger. Mas os esforços para levantar essa documentação foram infrutíferos. Como citado anteriormente, Kissinger, ao deixar o posto, havia tomado como reféns seus próprios documentos. Eles haviam sido copiados e classificados como "pessoal", e doados à Biblioteca do Congresso na condição de que seriam mantidos em sigilo. Dessa forma, Demetracopoulos encontrou uma parede de pedra ao tentar utilizar a lei para conseguir qualquer coisa do CSN. Em março de 1977, entretanto, o CSN finalmente respondeu às repetidas solicitações legais para liberar os "índices computadorizados" dos arquivos sobre Demetracopoulos que haviam sido mantidos. Folheando esses arquivos, ele foi surpreendido pelo estranho registro mostrado a seguir:

DOCUMENTO 7024513=5 DE 5 PÁGINAS = 1 DE 1
PALAVRAS-CHAVE ACUSANDO SENS MOSS BURDICK GRAVEL RE MORTE
SENHOR DEMATRACOPOULOS EM ATENAS DATA DA PRISÃO 701218

"Bem, não é todo dia", disse Demetracopoulos quando eu o entrevistei, "que você lê sobre sua morte em um documento do Estado." Seu advogado concordou e escreveu uma série de cartas a Kissinger solicitando cópias do arquivo ao qual os índices se referiam. Por sete anos – eu repito, por sete anos – Kissinger recusou-se a atender ao advogado de Demetracopoulos com uma resposta. Quando ele por fim respondeu, foi somente por meio de seu advogado, que escreveu o seguinte:

> Esforços foram feitos para localizar o conjunto de cópias de documentos que conferem com a descrição fornecida... Nenhuma cópia como a descrita foi encontrada.

"Esforços foram feitos" é, naturalmente, uma tentativa de disfarçar o que poderia ser descrito como um inquérito dos mais superficiais. Resta-nos, portanto, uma pergunta: Kissinger sabia, ou aprovou, ou fez parte, das "várias agências de cooperação do governo norte-americano" com as quais déspotas estrangeiros haviam contado para desenvolver um plano de rapto, tortura e execução?

Para começar, uma questão básica: por que deveria uma figura da estatura de Kissinger saber, se importar, com a existência de um jornalista dissidente e solitário? Essa pergunta é facilmente respondida. Os registros mostram que Kissinger sabia muito bem quem Demetracopoulos era, e o detestava por isso. Os dois homens haviam se encontrado em Atenas, em 1956, quando Demetracopoulos havia organizado um almoço no Grande Bretagne Hotel para o professor visitante. Por toda a década seguinte, Demetracopoulos havia sido proeminente en-

138 O JULGAMENTO DE KISSINGER

tre aqueles que alertavam e resistiam a uma intervenção militar na política grega. A CIA geralmente favorecia tais intervenções e mantinha conexões íntimas com aqueles que as planejavam. Em novembro de 1963, o diretor da CIA, John McCone, assinou uma mensagem interna solicitando "qualquer informação derrogatória que possa ser utilizada para negar o visto de entrada de Demetracopoulos nos Estados Unidos". Nenhuma informação derrogatória foi encontrada; de modo que, quando o golpe veio, Demetracopoulos conseguiu estabelecer-se em Washington e começar sua campanha no exílio.

Ele iniciou sua campanha, auspiciosamente, fornecendo "informações derrogatórias" sobre a campanha de Nixon e Agnew em 1968. Essa campanha – já bastante comprometida pela traição das negociações de paz no Vietnã – também recebia doações ilegais da ditadura militar grega.

O dinheiro vinha de Michael Roufogalis na KYP, e era repassado em dinheiro vivo a John Mitchell por um empresário ultraconservador greco-americano chamado Thomas Pappas. A soma envolvida era de US$ 549 mil – uma quantia considerável para os padrões da época. Seu recebimento era duplamente ilegal: governos estrangeiros são proibidos de fazer doações de campanha (assim como estrangeiros de maneira geral), e uma vez que a KYP estava recebendo subsídios da CIA existia ainda o risco de que o dinheiro da inteligência americana estivesse sendo reciclado de volta para o processo político americano – uma violação direta do próprio estatuto da CIA.

Em 1968, Demetracopoulos levou sua descoberta para Larry O'Brien, presidente do Comitê Democrático Nacional, que emitiu um pedido de inquérito das atividades de Pappas e das relações amistosas que existiam entre a campanha de Nixon–Agnew e a junta de Atenas. Vários historiadores investigam desde então se seria a prova dessa "conexão grega", altamente comprometedora, que os violadores de Nixon e Mitchell estariam procurando quando entraram no escritório do Watergate de O'Brien. Essa hipótese é fortalecida por outro fato interessante: quando a Casa Branca de Nixon estava tentando conseguir "dinheiro para silenciar" os violadores, foi para Thomas Pappas que pediram.

Esse segredo perigoso – Demetracopoulos sabia das doações de campanha – e o *lobby* incessante do próprio Demetracopoulos no Capitólio e na imprensa contra o regime que era cliente de Nixon e Kissinger em Atenas chamaram uma atenção indesejada a seu respeito. Ele mais tarde processou o FBI e a CIA – tornando-se a primeira pessoa a fazê-lo com sucesso – e recebeu a confissão por escrito das duas agências de que não possuíam "nenhuma informação derrogatória" sobre ele. No curso dessas ações, Demetracopoulos também conseguiu que o diretor do FBI, William Webster, admitisse que havia estado sob estrita vigilância no seguinte período: de 9 de novembro de 1967 a 2 de outubro de 1969, de 25 de agosto de 1971 a 14 de março de 1973 e de 19 de fevereiro a 24 de outubro de 1974.

Inconsciente da extensão da vigilância, Demetracopoulos havia, apesar disso, mais de uma vez se encontrado em situações difíceis. Em 7 de setembro de 1971, quando almoçava no luxuoso Jockey Club de Washington com o principal assessor político de Nixon, Murray Chotiner, ouviu o seguinte: "Esqueça o Pappas. Você pode estar em perigo. Você pode ser deportado. Não é uma política muito sensata. Você sabe que Pappas é amigo do Presidente". No mês seguinte, em 27 de outubro de 1971, Demetracopoulos estava almoçando com um colunista, Robert Novak, no Sans Souci, quando foi ameaçado pelo próprio Pappas, que se levantou da mesa ao lado para dizer a Demetracopoulos e a Novak que poderia criar problemas para todos que quisessem investigá-lo. No dia 12 de julho daquele mesmo ano, Demetracopoulos havia testemunhado diante do subcomitê europeu do comitê do Congresso para Assuntos Externos sobre a influência de Thomas Pappas na política externa norte-americana e na ditadura grega (e vice-versa). Antes que seu testemunho oral pudesse ser impresso, um agente do Departamento de Justiça apareceu no escritório do subcomitê e solicitou uma cópia da declaração. Demetracopoulos havia, então, em 17 de setembro, fornecido uma cópia das atividades de Pappas ao mesmo subcomitê. Seu depoimento por escrito terminava desta forma: "Finalmente, enviei separadamente ao subcomitê itens de evidências documentadas que acredito possam ser úteis". Essa declaração, escreveram Rowland Evans e Robert Novak em suas colunas publicadas por vários jornais, causou "um grande nervosismo na Casa Branca de Nixon".

Revelações posteriores nos acostumaram à atmosfera meio mafiosa e meio república das bananas que reinou em Washington durante esses anos. Mesmo assim, Demetracopoulos se surpreendeu ao receber uma carta da sra. Louise Gore. A senhora Gore, que se tornou mais conhecida como prima do vice-presidente Albert Gore e dona do Fairfax Hotel em Washington, onde o pequeno político cresceu, tinha méritos próprios. Era senadora republicana pelo estado de Maryland e havia apresentado Spiro Agnew a Richard Nixon. Era amiga íntima do procurador-geral da República, general Mitchell, e havia sido apontada por Nixon como representante na UNESCO. Demetracopoulos morava, assim como muitos congressistas e políticos, no seu hotel. Ele também havia sido amigo dela desde 1959. Em 24 de janeiro de 1972, ela lhe escreveu:

> Prezado Elias:
>
> Fui a um almoço na casa de Perle [Perle Mesta] para Martha Mitchell ontem, e me sentei próxima a John. Ele está *furioso* com você e seu depoimento contra Pappas. Ele ficou ameaçando deportar você o tempo todo!!
>
> Primeiro eu tentei perguntar se ele tinha qualquer razão para pensar que você poderia ser deportado, e não obtive nenhuma resposta. Mas então ele contra-atacou perguntando o que eu sabia a seu respeito, e por que éramos amigos.
>
> Realmente passou da conta. Foi tudo sobre o que conversamos durante aquele almoço, e todos à mesa estavam escutando...

Entre os presentes estavam George Bush, então embaixador das Nações Unidas, e vários outros diplomatas. O descontrole e a falta de tato do procurador-geral da República em tal ocasião e à mesa da legendária anfitriã Perle Mesta eram claros sintomas de uma considerável irritação, até mesmo de ódio.

Relatei isso para mostrar que Demetracopoulos estava sendo observado, que ele possuía informações altamente prejudiciais para um importante regime cliente de Nixon–Kissinger, e que sua identidade era bem conhecida por quem estava no poder, tanto em Washington como em Atenas. O embaixador dos Estados Unidos em Atenas naquela época era Henry Tasca, um amigo íntimo de Nixon e Kissinger com uma atitude muito tolerante em relação a ditaduras. (Ele mais tarde testemunhou em uma sessão fechada no Congresso que sabia de pagamentos feitos, em 1968, pela polícia secreta da Grécia para a campanha de Nixon.) Em julho de 1971, um pouco depois do testemunho de Demetracopoulos diante do subcomitê do congressista Rosenthal, Tasca enviou um telegrama secreto de quatro páginas para Atenas, que começava assim:

Por algum tempo tenho sentido que Elias Demetracopoulos é chefe de uma bem organizada conspiração que merece séria investigação. Temos visto como ele é eficaz em combater nossa atual política na Grécia. Seu objetivo é prejudicar nossas relações com a Grécia, enfraquecer nossa aliança com a OTAN e enfraquecer a posição de segurança dos Estados Unidos no leste Mediterrâneo.

Pela mensagem, Demetracopoulos estava realmente sendo levado a sério. E assim era o parágrafo final:

> Estou portanto trazendo o assunto à sua atenção especial, na esperança de que será encontrada uma forma de iniciar uma investigação sobre Demetracopoulos para identificar quem o apóia, suas fontes de recursos, suas intenções, seus métodos de trabalho e seus companheiros de conspiração... Eu trago este assunto à sua atenção agora, acreditando que como um residente estrangeiro nos Estados Unidos talvez seja possível submetê-lo a algum tipo de investigação profissional pelo FBI que poderia levantar algum mistério.

O telegrama estava endereçado, como é habitual para um embaixador, ao secretário de Estado, William Rogers. Além disso, se endereçava também – o que é altamente incomum – ao procurador-geral da República, John Mitchell. Mas Mitchell, como vimos, era o único procurador-geral da República que serviu no Comitê Quarenta de Kissinger, supervisionando operações secretas.

O Departamento de Estado cobrou devidamente o Departamento de Justiça para que fizesse todo o possível na tentativa de criar uma acusação como "agente secreto estrangeiro", ou qualquer coisa do gênero, contra Demetracopoulos. Naturalmente, como foi mais tarde admitido, essas investigações não deram em nada. A influência exercida por Demetracopoulos não provinha de quaisquer fontes sinistras ou tramas. Mas quando ele disse que a ditadura grega havia esmagado sua própria sociedade, usado censura e tortura, ameaçado Chipre e comprado a influência política em Washington, estava exprimindo inegáveis verdades. O próprio Nixon confirmou essa conexão entre a junta, Pappas e Tasca e o fluxo de retorno de dinheiro sujo, em uma fita da Casa Branca pós-Watergate, datada de 23 de maio de 1973. Ele estava conversando com sua renomada secretária particular, Rose Mary Woods:

> O bom e velho Tom Pappas, como você provavelmente sabe ou ouviu a respeito, se não ouviu, é verdade, ajudou, a pedido de Mitchell, levantando fundos para alguns dos acusados... Pappas me procurou em 7 de março. Ele me procurou para falar sobre o embaixador grego, que ele queria – ele queria manter Henry Tasca lá.

Essa mesma ditadura havia, em junho de 1970, revogado a cidadania grega de Demetracopoulos. Ele tornou-se assim uma pessoa sem cidadania, viajando somente com um frágil documento que permitia sua entrada nos Estados Unidos. Esse fato assumiu importância em dezembro de 1970, quando seu pai, cego, estava morrendo de pneumonia, sozinho em Atenas. Demetracopoulos solicitou permissão para retornar à Grécia com um salvo-conduto ou *laissez-passer*, e foi capaz de articular vários amigos congressistas nessa tentativa. Entre eles estavam os senadores Frank E. Moss, do Utah, Quentin N. Burdick, de Dakota do Norte, e Mike Gravel, do Alaska, que assinaram uma carta datada de 11 de dezembro para o governo grego e o embaixador Tasca. Os senadores Edward Kennedy, de Massachusetts, e William Fulbright, do Arkansas, também expressaram interesse pessoal.

Nem o regime de Atenas e nem Tasca responderam diretamente, mas em 20 de dezembro, quatro dias depois da morte do seu pai, que morreu sem a visita do seu único filho, os senadores Moss, Burdkick e Gravel receberam um telegrama da embaixada grega em Washington. O telegrama dizia que Demetracopoulos deveria apresentar-se pessoalmente na embaixada: uma exigência estranha a se fazer para um homem cujo passaporte e cuja cidadania haviam acabado de ser cancelados pela ditadura. Enquanto isso, Demetracopoulos recebeu uma ligação em sua casa, do senador Kennedy em pessoa, alertando para que não aceitasse nenhum salvo-conduto oferecido pela Grécia, mesmo que fosse concedido. Se Demetracopoulos tivesse se apresentado na embaixada da junta, ele poderia ter sido raptado e, de acordo com um dos planos de que tomamos conhecimento, tudo estava pronto para o seu "desaparecimento". É claro que um esquema do gênero teria sido extremamente difícil sem a ajuda de alguma "cooperação" – ou pelo menos "vista grossa" – dos encarregados da inteligência norte-americana.

A liberação dos telegramas trocados entre o embaixador Tasca em Atenas e o assistente de Kissinger, Joseph Sisco, no Departamento de Estado mostra que a apreensão do senador Kennedy era plenamente justificada. Em um telegrama datado de 14 de dezembro de Sisco para Tasca, o embaixador foi informado de que: "Se o governo da Grécia permitir que Demetracopoulos entre, devemos evitar dar a ele quaisquer garantias de que possa ser capaz de partir". Em concordância com essa extraordinária afirmação, Tasca acrescentou que existia a possibilidade de o senador Gravel comparecer ao funeral do senhor Demetracopoulos. "Elias", escreveu o embaixador, "sem dúvida espera explorar a visita do senador para conseguir alguma forma de provar que as condições aqui são tão repressivas quanto ele as tem apresentado aí. Ele poderia até mesmo organizar alguma manifestação de violência, tal como uma pequena bomba".

Esse completo absurdo – Demetracopoulos não tinha em seus antecedentes nenhum registro de qualquer tipo de defesa ou prática de violência, como Tasca inconscientemente o reconheceu criando uma "pequena" bomba hipotética – também tem seu lado sinistro. Sugerido aqui está justamente o tipo de álibi, provocação ou pretexto de que a junta precisava para justificar um "desaparecimento". Em toda a correspondência transparecem sordidamente as prioridades não ditas, tanto da embaixada como do Departamento de Estado, que refletiam o seu desprezo pelos senadores eleitos dos Estados Unidos, seu desagrado com a discordância, e sua necessidade de gratificar um grupo de bandidos gregos que estão hoje, merecidamente, cumprindo pena de prisão.

Olhemos novamente para o índice computadorizado liberado, depois de anos de litígio, dos arquivos do CSN. Consta a data de 18 de dezembro de 1970 e parece informar aos senadores Moss, Burdick e Gravel que Demetracopoulos havia encontrado seu fim na prisão em Atenas. Seria este um plano de contingência? Uma história de fundo? Enquanto o doutor Kissinger se mantiver teimosamente em silêncio e com o controle dos seus documentos "pessoais", será impossível determinar.

O mesmo se aplica ao segundo atentado a Demetracopoulos de que se tem conhecimento. Tendo evitado a armadilha que parece ter sido montada em 1970, Demetracopoulos manteve seu arsenal de revelações, direcionado principalmente a fazer desacreditar a junta grega e a constranger seus amigos norte-americanos. Ele também se tornou uma importante voz de alerta dos planos da junta sobre a independência de Chipre e da indiferença (ou cumplicidade) norte-americana com aquela política. Habilitado para tal (discutido em detalhe no capítulo sobre Chipre), ele se tornou uma fonte de incômodo para Kissinger. Isso é evidente. Em um breve relatório apresentado ao presidente Gerald Ford, em outubro de 1974, existem referências a

144 O julgamento de Kissinger

um "documento de rastreamento", a um "memorando derrogatório com cópia oculta" e a "um longo memorando de Kissinger", todos sobre Demetracopoulos. Uma vez mais, a despeito das repetidas solicitações de seus advogados, Kissinger negou-se a responder qualquer questionamento sobre o destino desses documentos, ou a esclarecer o seu conteúdo. Entretanto, o CSN havia solicitado ao FBI que acumulasse informações que pudessem desacreditar Demetracopoulos, e entre 1972 e 1974, de acordo com os documentos agora revelados, o FBI forneceu a Kissinger material calunioso e falso em relação, entre outras coisas, a um suposto romance de Demetracopoulos com uma mulher hoje morta, e uma suposta relação entre ele e Daniel Ellsberg, revelador dos celebrados *Documentos do Pentágono*, um homem a quem ele nunca conheceu.

Isso pode parecer trivial, não fosse pelas memórias de Constantine Panayotakos, o embaixador da junta grega em Washington.

Ao assumir seu posto em fevereiro de 1974, ele escreveu em suas memórias, no livro intitulado *In the First Line of Defense* (Na primeira linha de defesa):

> Eu fui informado sobre alguns planos para raptar e transportar Elias Demetracopoulos para a Grécia; planos que me lembraram dos métodos da KGB...
>
> Em 29 de maio, recebi um documento de Angelos Vlachos, secretário-geral do Ministério do Exterior, fornecendo os pontos de vista do embaixador dos Estados Unidos, Henry Tasca, com o qual ele concordava, sobre os meios mais eficientes de lidar com a conspiração de Demetracopoulos. Os pontos de vista de Tasca estão incluídos em um memorando de conversação com o ministro do Exterior, Spyridon Tetenes, de 27 de maio.
>
> Finalmente, uma outra grande idéia dos mais brilhantes membros do Ministério do Exterior em Atenas, transmitida a mim em 12 de junho, era para que buscasse conselhos úteis sobre o *extermínio* de Elias Demetracopoulos, com George Churchill, diretor do setor de assuntos gregos no Departamento de Estado, que era um dos seus mais ferrenhos inimigos. [destaque adicionado]

(Em grego, a palavra em destaque acima é *exoudeterosi*. É muito forte. Normalmente traduzida como "extermínio", embora "eliminação" possa ser uma alternativa apresentável. Não se trata de transtornar ou estorvar uma pessoa, mas de livrar-se dela.) O embaixador Panayotakos escreveu mais tarde uma carta detalhada, que se encontra em meu poder, em que ele dizia ter conhecimento direto de um plano para abduzir Demetracopoulos de Washington. Seu testemunho é comprovado por uma declaração judicial, que também tenho, assinada sob pena de perjúrio por Charalambos Papadopoulos. Este era, na época, conselheiro político para a embaixada grega – a posição número três – e era aguardado para almoçar próximo ao Jockey Club, no final de maio ou início de junho de 1974, pelo embaixador Panayotakos e o adido militar assistente, tenente coronel Sotiris Yiounis. No almoço, Yiounis abordou a questão do rapto de Demetracopoulos, que estava para ser "contrabandeado" dentro de um submarino grego da OTAN, no porto de Virgínia.

Papadopoulos, que era embaixador grego no Paquistão na época do seu testemunho, disse uma vez estar certo de que Henry Kissinger tinha plena consciência da operação proposta, e "provavelmente queria dar suporte à operação". Até este ponto, a junta grega teria somente umas poucas semanas de vida por conta dos crimes em Chipre. Desde a queda da ditadura, evidências ainda mais extensas dos planos de assassinato da junta foram descobertas, mesmo que somente no fim do golpe ateniense. Mas foi sempre um regime que atuou sob a anuência e a "compreensão" de Washington. Foram feitas outras tentativas de descobrir mais detalhes em Washington. Em 1975, os senadores George McGovern e James Abourezk, e a seguir o congressista Don Edwards, do Comitê de Inteligência do Congresso, pediram ao senador Frank Church inclusão do plano de rapto contra Demetracopoulos no trabalho investigativo do seu famoso comitê de inteligência norte-americana. Relatado primeiramente pelo jornal *New York Times* e então confirmado por Seymour Hersh, Kissinger interveio pessoalmente junto a Church, citando assuntos graves mas inespecíficos de segurança nacional, para que este aspecto da investigação fosse encerrado.

Um pouco disso tudo pode parecer fantástico, mas realmente sabemos que Kissinger estava conduzindo um plano de vingança contra Demetracopoulos (como também estava o embaixador Henry Tasca). Sabemos que Kissinger estava seguramente envolvido em conluio de alto nível com a junta grega e tinha conhecimento, *a priori*, do golpe para assassinar o arcebispo Makarios. Também sabemos que ele usou a embaixada norte-americana no Chile para contrabandear armas, o que culminou na morte do general René Schneider. O pretexto para encobrir o caso, também, foi de que matadores profissionais estavam "apenas" tentando raptá-lo.

Também sabemos que dois clientes do Comitê Quarenta de Kissinger, o general Pinochet e o coronel Manuel Contreras, fizeram uso da embaixada chilena em Washington para assassinar o líder dissidente Orlando Letelier, não muito depois de ele ter sido recebido e bajulado, e até mesmo pago por Kissinger e seus seguidores.

Dessa forma, a história de Demetracopoulos, narrada aqui na sua íntegra pela primeira vez, cria um caso de *prima facie,* no qual Henry Kissinger estava pelo menos ciente do plano de abduzir e interrogar, e quase certamente matar, um civil em Washington. Para não ser considerado suspeito, e para explicar as misteriosas referências à morte de Demetracopoulos em seus próprios arquivos, Kissinger precisaria apenas liberar finalmente alguns deles, ou permitir que sejam liberados.

Epílogo: a margem de lucro

Em sua furiosa reunião no Departamento de Estado, em 18 de dezembro de 1975, pouco depois da cumplicidade com os generais indonésios em relação ao Timor Leste, Kissinger fez uma negação muito peculiar:

> Eu não me importo se vendemos equipamentos à Indonésia ou não. Eu não recebo nada por isso, eu não recebo nenhuma propina.

Poderíamos pensar que um secretário de Estado em exercício não tivesse nenhum interesse direto na venda de armas para uma ditadura estrangeira; ninguém na reunião havia sugerido isso. É sintomático que Kissinger negasse uma alegação que não havia sido feita.

Não é possível afirmar, com segurança, que Kissinger tenha tido algum lucro pessoal em suas associações com os círculos do poder na Indonésia. Tampouco é possível afirmar que seu lucro fizesse parte de qualquer tipo de "compreensão" originado em 1975. É justo que exista uma perfeita congruência entre o conselho de política externa de Kissinger e suas próprias relações de negócios. Podemos chamar isso de harmonia de interesses, e não de conflito.

Seis anos depois de deixar o cargo, Kissinger fundou uma empresa de consultoria particular chamada Kissinger Associates, que existe para facilitar o contato entre corporações multinacionais e governos estrangeiros. A lista de clientes é secreta, e os contratos contêm uma cláusula que proíbe qualquer menção ao tipo de acordo firmado. Sabemos que a lista de clientes corporativos inclui ou já incluiu: American Express, Shearson Lehmann, Arco, Daewoo da Coréia do Sul, H. J. Heinz, ITT Lockheed, Anhesuer-Busch, Banca Nazionale Del Lavoro, Coca-Cola, Fiat, Revlon, Union Carbide e o Midland Bank. Os sócios iniciais de Kissinger eram o general Brent Scowcroft e Lawrence Eagleburger. Ambos haviam trabalhado com ele na política externa e em áreas de segurança nacional do governo.

Vários exemplos de uma harmonia entre sua empresa e os rumos das políticas de Kissinger podem ser citados. Os mais famosos são provavelmente aqueles da República Popular da China. Kissinger auxiliou vários conglomerados norte-americanos, notadamente H. J. Heinz, a ganhar acesso ao mercado chinês. Como foi brilhantemente citado por Anthony J. F. O'Reilly, presidente mundial da Heinz:

> Kissinger e seus associados dão uma grande contribuição, e achamos que são particularmente úteis em países com economias mais centralizadas, onde os principais articuladores e a dinâmica entre eles são de importância fundamental. Isto é particularmente verdadeiro na China, onde ele é uma figura popular e especialmente respeitada. Na China, basicamente, nós estávamos caminhando bem para marcar a presença do alimento para bebês, antes que Henry estivesse envolvido. Mas quando resolvemos nos mudar suas contribuições foram muito práticas, tal como o relacionamento entre Taiwan e Pequim. Ele nos auxiliou, assegurando que não tomássemos medidas inadequadas em Pequim. Sua importância obviamente varia de mercado para mercado, mas funciona melhor provavelmente auxiliando nos contatos naquelas zonas obscuras, onde isso conta muito.

O termo chinês para essas zonas de transações sombrias é *guan-xi*. Em inglês americano, sem preconceitos, poderia talvez ser traduzido como "acesso" ou "propagação de influência". Vender alimento para bebês na China pode parecer inócuo, mas quando o regime chinês virou suas armas e seus tanques contra suas próprias crianças na praça Tienanmen em 1989, não teve nenhum defensor mais ferrenho do que Henry Kissinger. Discutindo muito seriamente sobre sanções, ele escreveu que "a China continua sendo importante demais para arriscarmos a relação com emoções do momento". Assumindo o ponto de vista da turbulência democrática de Deng Xiaoping, e mesmo o ponto de vista daqueles da direita, que agora supomos terem pressionado Deng, acrescentou: "Nenhum governo no mundo toleraria ter a principal praça de sua capital ocupada durante seis semanas por milhares de manifestantes". É claro que alguns governos teriam encontrado uma forma de reunir-se com os líderes desses manifestantes... Talvez tenha sido bom que os serviços de Kissinger não tivessem sido mantidos pelos regimes stalinistas da Romênia, da Tchecoslováquia e da Alemanha Oriental, que "sucumbiram" à mesma insolência pública no mesmo ano.

EPÍLOGO: A MARGEM DE LUCRO 149

Tampouco a influência de Kissinger ficou restrita aos nutritivos produtos da Heinz. Ele auxiliou a Atlantic Richfield/Arco a comercializar depósitos de petróleo na China. Ajudou a ITT (uma corporação que já o havia auxiliado uma vez a derrubar o governo do Chile) a realizar uma reunião para abrir caminho em Pequim e prestou serviços semelhantes para David Rockefeller e o Chase Manhattan Bank, que mantiveram uma reunião com o comitê de aconselhamento internacional na capital chinesa com a presença do próprio Deng.

Seis meses antes do massacre na praça Tienanmen, Kissinger iniciou uma sociedade limitada de investimentos chamada China Ventures da qual ele era presidente e sócio majoritário. O prospecto da empresa deixava claro que ela só se envolvia em projetos que "contassem com apoio irrestrito da República Popular da China". O movimento mostrou-se prematuro: o clima para investimentos na China continental azedou depois da repressão que se seguiu aos massacres da praça Tienanmen e às sanções limitadas aprovadas pelo Congresso. Isso sem dúvida contribuiu para a irritação de Kissinger ao criticar Deng. Mas enquanto a China Ventures durou conseguiu grandes contatos com American Express, Coca-Cola, Heinz e um grande conglomerado de mineração e extração chamado McMoRan, do qual ouviremos falar adiante.

Muitos dos atos mais radicais de Kissinger foram tomados, pelo menos ostensivamente, em nome do anticomunismo. É, portanto, irônico encontrá-lo esforçando-se em benefício de um regime que pode garantir investimentos seguros por conta da extinção de sindicatos, um sistema prisional de trabalho escravo e a ideologia de um partido. Nem é a China o único exemplo aqui. Quando Lawrence Eagleburger deixou o Departamento de Estado em 1984, após ser embaixador na Iugoslávia, ele se tornou simultaneamente parceiro da Kissinger Associates, diretor de uma subsidiária de capital integral pertencente ao banco Ljubljanska Banka – um banco então de propriedade do regime de Belgrado – e representante norte-americano do minicarro *Yugo*. Este tornou-se um cliente da Kissinger Associates, como fez uma construtora iugoslava chamada Enerjoprojeckt. O *Yugo* é de particular interesse porque era produzido por um grande conglomerado estatal, que também funcionava como um complexo militar-industrial e de fabrico de armas da Iugoslávia. Esse complexo foi mais tarde tomado por Slobodan Milosevic, junto com outras forças

150 O julgamento de Kissinger

do que havia sido o exército nacional da Ioguslávia, e usado para continuar guerras de agressão contra as quatro repúblicas vizinhas. Todo o tempo, durante essa protelada crise, e de alguma forma fora de compasso com muitos de seus astutos companheiros, Henry Kissinger estimulou uma política consistente de conciliação com o regime Milosevic. (O senhor Eagleburger no devido prazo voltou ao Departamento de Estado como secretário assistente, e logo tornou-se secretário de Estado. E assim continua.)

Outro exemplo da estratégia de Kissinger é o envolvimento duplo da Kissinger Associates com Saddam Hussein. Quando Saddam estava em alta, na década de 1980, com o vento a favor junto aos departamentos do Comércio e da Agricultura, em Washington, gastando dinheiro como um marinheiro bêbado (e usando gás venenoso e armas químicas com os curdos, sem um murmúrio de Washington), o fórum de negócios Estados Unidos–Iraque forneceu um verdadeiro festival de contatos, contratos e oportunidades. O sócio de Kissinger, Alan Stoga, que também havia sido o economista ligado à sua comissão da era Reagan, na América Central, se apresentou de maneira marcante em um fórum patrocinado pelo governo de Bagdá. Ao mesmo tempo, a empresa de Kissinger representava o obscuro Banco Nazionale Del Lavoro, banco italiano, que, descobriu-se mais tarde, fez empréstimos ilegais ao regime Hussein. Como de costume, era tudo "legal".

Em 1989, Kissinger fez uma conexão lucrativa com a Freeport McMoRan, uma empresa globalizada com base em Nova Orleans. Seu presidente, James Moffett, recebeu vários títulos lisonjeiros nas páginas financeiras e de negócios, como "brilhante", "guerreiro" e "capitalista empreendedor".

No mesmo ano, a Freeport McMoRan pagou à Kissinger Associates um adiantamento de US$ 200 mil e honorários de US$ 600 mil, sem mencionar uma promessa de 2% de comissão sobre ganhos futuros. A empresa também tornou Kissinger membro de sua diretoria, com um salário anual de pelo menos US$ 30 mil. Em 1990, os dois envolvidos começaram a fazer negócios em Burma, o Estado mais terrivelmente repressivo em todo o sul da Ásia. A Freeport McMoRan exploraria petróleo e gás, segundo o contrato, e um outro cliente de Kissinger, a Daewoo (empresa corrupta de propriedade do inescrupuloso regime sul-coreano), construiria a obra. Entretanto, naquele ano os generais de Burma, sob o maravilhoso título de SLORC (Conselho de Restauração da Lei Estatal e da Ordem), perderam as eleições para a oposição democrática, liderada por Daw Aung San Suu Kyi, e decidiram anular o resultado. Esses acontecimentos – que provocaram várias solicitações tensas pelo isolamento da junta de Burma – eram desfavoráveis à tríade Kissinger–Freeport–Daewoo, e a proposta naufragou.

Mas, em março de 1991, Kissinger estava de volta à Indonésia com Moffett, fechando um negócio que obteria uma concessão de trinta anos para continuar explorando uma gigantesca mina de ouro e cobre. A mina era de vital importância por três razões. Primeiro, era operada como parte de uma *joint venture* com o governo militar indonésio, e com o líder daquele governo, hoje deposto, general Suharto. Segundo, estava localizada numa ilha de Irian Jaya (em uma área anteriormente conhecida como Irian Ocidental): parte de um arquipélago que – assim como o Timor Leste – só pertence à Indonésia pelo direito de conquista arbitrária. Terceiro, suas operações começaram em 1973 – dois anos antes que Henry Kissinger visitasse o país e ajudasse a desencadear o banho de sangue no Timor Leste, enquanto liberava armas para seus futuros parceiros de negócios.

Isso poderia significar não mais do que "harmonia de interesses" como sugeri anteriormente. Ou, em outras palavras, uma feliz coincidência. O que não é coincidente é o seguinte:

1. A enorme mina Grasberg da Freeport McMoRan em Irian Jaya continua sendo acusada de desencadear uma catástofre social e ambiental. Em outubro de 1995, a Corporação de Investimentos Privados no Exterior (OPIC), órgão federal que existe para auxiliar as companhias norte-americanas em todo o mundo, decidiu cancelar o seguro de investimentos por riscos políticos da Freeport McMoRan – exatamente o mesmo elemento sobre o qual Kissinger havia fornecido garantias em 1991. A OPIC concluiu que a mina Grasberg havia "criado e continuava a causar danos de grande gravidade ao meio ambiente, com riscos à saúde e à segurança dos rios que estão sofrendo impacto pelos afluentes, ao ecossistema terrestre à volta e aos habitantes locais".

2. Os "habitantes locais" mencionados no final desta lista são o povo Amungme, cujos protestos pela devastação ambiental e as condições de trabalho na mina eram contidos por soldados

indonésios regulares a serviço da Freeport McMoRan, sob ordens de Suharto. Em março de 1996, uma ampla revolta quase fechou a mina, ao custo de quatro mortos e muitos feridos.

A Freeport McMoRan montou uma intensa campanha lobista em Washington, com a ajuda de Kissinger, para conseguir que seu seguro da OPIC fosse concedido novamente. O preço foi a criação de um fundo de garantia de US$ 100 milhões, para reparar os prejuízos ecológicos causados pela mina depois que o lugar estivesse completamente limpo. Tudo isso tornou-se uma abstração após a queda da ditadura de Suharto, de sua própria prisão e do desmascaramento de uma enorme rede de "camaradas capitalistas" envolvendo ele, sua família, seus colegas militares e certas corporações multinacionais favorecidas. Essa revolução política também restaurou, a um custo humano incalculável, a independência do Timor Leste. Houve mesmo a sugestão de se estabelecer um inquérito de crimes de guerra, e um tribunal de direitos humanos para ajustar parte das contas dos anos de genocídio e de ocupação. Uma vez mais, Henry Kissinger teve de examinar as notícias com ansiedade e imaginar se revelações ainda piores não estariam reservadas para ele. Será uma desgraça nacional e internacional se a resposta a essa questão for deixada para o pilhado e desgovernado povo da Indonésia, em vez de devolvê-la ao Congresso dos Estados Unidos, que tem por tanto tempo se esquivado de sua própria responsabilidade.

O assunto aguarda julgamento.

LEI E JUSTIÇA

*Embora não se possa fazer mais do que lamentar
pelas inúmeras crianças assassinadas, havia meios de evitar
que um aspecto particular do princípio de conveniência
causasse tanto dano. A maior parte dos criminosos
internacionais estava fora do alcance das leis humanas;
Dimitrios estava ao alcance de uma lei. Ele havia cometido
pelo menos dois assassinatos, e portanto violado a lei, como
seguramente ele o teria feito se estivesse faminto e houvesse
roubado um pedaço de pão.*

Eric Ambler
A máscara de Dimitrios

Como Henry Kissinger parece agora compreender, aumenta a
cada dia a percepção da amplitude das tragédias acobertadas pela
imunidade que o protegeu até o momento. As recentes evoluções no
Direito nacional e internacional fizeram com que sua posição se tornasse vulnerável. Por conveniência, as diferentes áreas do Direito
podem ser agrupadas em quatro grupos de leis mais importantes:

1. Disciplina Internacional dos Direitos Humanos. Compreende
os grandes e sonoros contratos sobre os direitos do indivíduo em
relação ao Estado; também protege o indivíduo de terceiros, na
comunidade internacional, que possam violar esses direitos. Baseada na "Declaração dos Direitos do Homem" da Revolução
Francesa, a lei internacional dos direitos humanos reza que associações políticas são consideradas legítimas somente enquanto
preservarem a dignidade e o bem-estar dos indivíduos; uma visão que desafia os privilégios da *realpolitik* concedidos em favor

dos "interesses nacionais". Os Estados Unidos têm apoiado diretamente muitos desses contratos e aprovado vários outros.

2. Direito do Conflito Armado. Bastante ampla e irregular, esta lei representa a gradual emergência de um consenso legal sobre o que é ou não permitido durante um estado de guerra. Também compreende os vários acordos humanitários que determinam o "Direito da guerra", na tentativa de reduzir o caráter contraditório dessa antiga luta.

3. Direito Penal Internacional. Refere-se a qualquer indivíduo, incluindo agentes de qualquer Estado, que cometa atrocidades diretas e graves contra seus "próprios" concidadãos ou os de outro Estado; cobertos aqui estão os crimes de genocídio, crimes contra a humanidade e outros crimes de guerra. A Lei de Roma, que também estabelece uma Corte Criminal Internacional para julgamento de indivíduos, incluindo ofensores governamentais, é a súmula desta lei, revisada e atualizada desde o precedente de Nuremberg. Contém as assinaturas da maioria dos governos, assim como, desde 31 de dezembro de 2000, a dos Estados Unidos.

4. Direito da Família e Direito Processual. A maior parte dos governos tem leis semelhantes, que regem crimes tais como assassinato, rapto ou seqüestro, roubo, e muitos deles tratam qualquer ofensor, de qualquer país, da mesma maneira. Essas leis, em muitos casos, permitem a um cidadão de qualquer país buscar apelação às cortes do país "anfitrião" do ofensor, ou país de cidadania. Pela lei norte-americana, um estatuto particularmente importante é o Alien Tort Claims Act[29].

Os Estados Unidos são o país mais generoso em conceder imunidade a si próprio e imunidade parcial aos seus servidores; e o mais lento em aderir a tratados internacionais (sancionou a Convenção de Genocídio somente em 1988, e assinou o Acordo sobre Direitos Políticos e Civis somente em 1992). E os dispositivos da Lei de Roma, que exporiam Kissinger à pena de crime hediondo se tivessem sido apro-

---

[29] Ato de 1789 que concede jurisdição às Cortes Federais nos Estados Unidos sobre "qualquer ação civil cometida por um estrangeiro por um delito apenas, cometido em violação à lei das nações ou tratado dos Estados Unidos".

vados como lei desde 1968, não são retroativos. Os princípios de Nuremberg, entretanto, foram anunciados naquele ano por uma convenção internacional como não tendo estatuto de limitações. A lei internacional do comércio permite a qualquer país signatário (novamente, exceto os Estados Unidos) processar Kissinger por crimes contra a humanidade na Indochina.

Ainda mais importante, as cortes federais dos Estados Unidos foram consideradas capazes de exercer jurisdição sobre crimes como assassinato, rapto ou seqüestro e terrorismo, mesmo quando supostamente protegidos pela doutrina do Estado ou imunidade soberana. A partir de inúmeros casos marcantes, o mais saliente é a descoberta da Corte do Circuito de Washington em 1980, referente ao assassinato com carro-bomba, operado por agentes de Pinochet, de Orlando Letelier e Ronni Moffitt. A corte declarou que "quaisquer que sejam as opções políticas de um país estrangeiro", o regime Pinochet "não tem nenhum 'arbítrio' de conduzir ações que sejam claramente contrárias aos preceitos humanitários, como reconhecido pelo direito nacional e internacional". Reciprocamente falando, isso se aplicaria a um funcionário do Estado norte-americano que tentasse assassinar um cidadão chileno. Assassinato era um ato ilegal, tanto em nível privado como público, quando Henry Kissinger estava no poder e quando os atentados ao general Schneider, do Chile, e ao presidente Makarios, de Chipre, aconteceram.

Como o relatório Hinchey ao Congresso, em 2000, demonstra que os agentes do governo dos Estados Unidos estavam sabidamente participando de atos de tortura, assassinato e "desaparecimento", executados pelos esquadrões da morte de Pinochet, cidadãos chilenos agora podem entrar com processos nos Estados Unidos por meio do Alien Tort Claims Act, que concede às cortes federais do país jurisdição para julgar recurso sobre uma queixa, quando um cidadão não-norte-americano move ação judicial por um delito civil cometido em violação a um tratado dos Estados Unidos ou outra lei internacional. Os parentes de chilenos "desaparecidos" e do general Schneider expressaram recentemente seu interesse em fazê-lo, e fui informado por vários advogados internacionais que Henry Kissinger estaria de fato sujeito a tais procedimentos.

O Alien Tort Claim Act também permitiria às vítimas em outros países, tais como Bangladesh ou Camboja, buscar indenização de Kissinger, aos moldes da recente ação judicial movida contra Li Peng, um dos maiores responsáveis dentre os funcionários comunistas chineses pelo massacre de 1989 na praça Tiananmen.

Um significativo grupo de teorias legais pode ser aplicado à "lei do comércio" no caso do bombardeio de civis na Indochina. A Convenção de Genocídio não foi ratificada pelos Estados Unidos até 1988. Em 1951, entretanto, foi declarada pela Corte Internacional de Justiça como lei ordinária internacional. O trabalho da Comissão Legal Internacional está de pleno acordo com essa visão. Haveria algum questionamento sobre se as incontáveis vítimas eram um "grupo protegido" pela lei existente, e também sobre o fato de o seu tratamento ter sido suficientemente indiscriminado, mas tal argumentação levantaria pesados encargos tanto para a defesa como para a procuradoria[30].

Um importante desenvolvimento recente é a aplicação por outros países, notadamente a Espanha, das leis internacionais que abrangem todos os Estados. Baltasar Garsón, o juiz espanhol que iniciou o bem-sucedido processo contra o general Pinochet, também conseguiu a prisão no México do torturador argentino Ricardo Miguel Cavallo, que está agora detido e aguardando extradição. O parlamento belga concedeu recentemente poderes às cortes do país para exercer jurisdição dos crimes de guerra e violações à Convenção de Genebra, cometidos em qualquer lugar do mundo, por qualquer cidadão ou país. Essa prática, que tem aumentado, possui pelo menos o efeito de limitar a capacidade de certas pessoas de viajar para evitar a extradição. A Holanda, a Suíça, a Dinamarca e a Alemanha empregaram recentemente as Convenções de Genebra por ações cometidas contra estrangeiros por estrangeiros. A decisão da Câmara Britânica dos Lordes no caso de Pinochet também negou decididamente a defesa de "imunidade soberana" por atos cometidos por um governo ou por aqueles que seguissem as ordens desse governo.

Ainda permanece a questão da lei norte-americana. O próprio Kissinger admite (vide página 118) que ele sabidamente violou a lei ao continuar a fornecer armas para a Indonésia, que, por sua vez, as utilizou para violar a neutralidade de um território vizinho, perpretando violentos crimes contra a humanidade. Kissinger também enfrenta

---

[30] Ver especialmente Nicole Barrett: "Holding Individual Leaders Responsible for Violations of Customary International Law", *Columbia Human Rights Review*, primavera de 2001. (N.A.)

problemas legais sobre sua participação na limpeza étnica da colônia britânica de Diego Garcia, no início dos anos 1970, quando os habitantes indígenas foram removidos para abrir espaço para uma base militar norte-americana. Os advogados dos habitantes da ilha de Chagos já ganharam uma ação julgada nas cortes britânicas sobre o tema, que está agora se movendo para uma audiência nos Estados Unidos. Os delitos citados são "relocação forçada, tortura e genocídio".

Nesse clima alterado, os Estados Unidos enfrentam um dilema interessante. A qualquer momento, um dos seus mais famosos cidadãos pode ser considerado imputável por ações terroristas sob o Alien Tort Claims Act, pode estar sujeito a um pedido de extradição internacional, ou pode ainda ser citado por crimes contra a humanidade por uma corte de uma nação estrangeira. A não-adesão dos Estados Unidos a certos tratados e a sua relutância para extraditar fazem com que seja improvável que autoridades norte-americanas cooperem com tais ações, embora isso atinja gravemente o direito com o qual Washington se dirige a outras nações na questão dos direitos humanos. Também existe a opção de levar Kissinger à justiça numa corte norte-americana com um promotor norte-americano. Novamente, a contingência parece fantasticamente remota, mas, uma vez mais, não o fazer exporia o país a um encargo de padrões duplos muito mais óbvio do que teria sido visível mesmo há dois anos.

O encargo, portanto, fica com a comunidade judicial norte-americana e com os *lobbies* de direitos humanos e organizações não-governamentais. Eles podem tanto continuar fingindo que não vêem a impunidade notória, gozada por um conhecido criminoso de guerra e violador da lei, ou podem se tornar presas dos nobres padrões aos quais eles continuamente se mantêm fiéis. O atual estado de apatia, entretanto, não pode continuar. Se as cortes e os advogados desse país não cumprirem o seu dever, assistiremos como as vítimas e os sobreviventes desse homem perseguem a vingança e a justiça à sua maneira dignos e diligentes, e às suas próprias custas, e seremos condenados à vergonha.

APÊNDICE I
UM FRAGMENTO PERFUMADO

Tomo a liberdade de reproduzir uma correspondência, inicialmente entre mim e Henry Kissinger, que começou no *New York Times Book Review*, no outono de 2000. Em uma resenha de *The Arrogance of Power* (A arrogância do poder) (reproduzida abaixo), o trabalho de Anthony Summers e Robbyn Swan ao qual faço referência neste livro, resumi e condensei o caso contra a diplomacia ilícita e privada de Nixon e Kissinger, durante a eleição de 1968; um caso mais bem relatado no primeiro capítulo. Também faço referência a alguns crimes e delitos da era Nixon.

Isso evocou uma extensa – para não classificar melhor – e nitidamente bizarra resposta de Kissinger. O texto completo também está em anexo, juntamente com as respostas à sua carta. (Não disponho de meios para descobrir por que Kissinger recrutou o ex-general Brent Scowcroft como seu co-signatário, a menos que fosse para sentir o conforto de uma presença humana, assim como a solidariedade de um parceiro bem recompensado na Kissinger Associates.)

A correspondência estabelece três pontos convenientes. Primeiro, acaba com as pseudograndiosas tentativas de Kissinger e seus defensores de fingir que seu livro, ou melhor dizendo, os argumentos nele contidos estão aquém de sua percepção. Eles já tentaram se empenhar, em outras palavras, e debandaram em desordem. Segundo, ela revela uma extraordinária falsidade e confiança em mentiras e negativas impossíveis e histéricas, o que caracteriza o estilo Kissinger. Terceiro, fornece uma outra pequena janela no nauseante arquivo dos assuntos internos do "estado malévolo".

Resenha de Christopher Hitchens
A arrogância do poder: O mundo secreto de Richard Nixon
Anthony Summers e Robbyn Swan.

160   O JULGAMENTO DE KISSINGER

Em um aspecto, pelo menos, as memórias de Henry Kissinger concordam com o livro *Sideshow* (Um show à parte); o relatório de William Shawcross sobre o bombardeio do Camboja. Os dois livros confirmam que Richard Nixon gostava que as pessoas temessem sua própria loucura. No outono de 1969, por exemplo, ele disse a Kissinger para alertar o embaixador soviético de que o presidente estava "descontrolado" com relação à Indochina, e seria capaz de qualquer coisa. Kissinger alega que considerou o encargo "perigoso demais" para executar. Mas como Anthony Summers agora nos informa:

> Três meses antes, entretanto, Kissinger tinha enviado aquela mesma mensagem por um emissário, quando instruiu Len Garment, que estava prestes a viajar para Moscou, para que desse aos soviéticos "a impressão de que Nixon é meio 'louco' – extremamente inteligente, muito organizado e experiente com certeza, mas, em momentos de estresse e desafio pessoal, imprevisível e capaz das mais cruéis brutalidades". Garment cumpriu sua missão contando a um experimentado assessor de Brezhnev que Nixon era "uma personalidade dramaticamente cindida... mais do que uma simples paranóia... quando necessário, de uma crueldade mórbida". A ironia, o antigo assistente refletiu pesarosamente em 1997, é que tudo que havia dito aos russos se tornou "mais ou menos verdadeiro".

O grande mérito de *The Arrogance of Power* é que traz muito do que já sabíamos, ou suspeitávamos, e o refina e amplia. A conclusão óbvia, muito salvaguardada por meticulosa pesquisa e notas de rodapé, é de que na era Nixon os Estados Unidos eram, em essência, um "Estado malévolo". Tinham um líder cruel, paranóico e instável que não hesitava em burlar a lei do seu próprio país para violar a neutralidade, ameaçar a integridade territorial ou desestabilizar as questões internas de outra nação. Ao final do reinado desse homem, num episódio mais típico de uma república das bananas ou uma "democracia populista", seu próprio secretário de Defesa, James Schlesinger, precisou instruir o Alto Comando das Forças Armadas a desconsiderar qualquer ordem militar que viesse da Casa Branca.

Schlesinger tinha suas razões para tal procedimento. Não somente sabia que Nixon havia solicitado ao Alto Comando que "se houvesse algum choque eles o deveriam apoiar e mantê-lo no poder", mas ele também havia escutado, de Joseph Laitin, porta-voz de assuntos públicos do Setor de Administração e Orçamento, o seguinte: no caminho para a Ala Oeste, na primavera de 1974, Laitin se lembra de que

> Eu tinha chegado ao térreo, e quando estava começando a subir as escadas, um sujeito descia correndo, saltando dois degraus de cada vez. Ele tinha um olhar

APÊNDICE I: UM FRAGMENTO PERFUMADO 161

alucinado, como se fosse um louco. Ele me empurrou e eu perdi o equilíbrio. Antes que eu pudesse me levantar, seis jovens de porte atlético pularam por cima de mim, perseguindo o homem. De repente eu compreendi que eram agentes do serviço secreto, e que eu havia sido derrubado pelo presidente dos Estados Unidos.

Summers, um ex-correspondente da BBC que escreveu biografias de Marilyn Monroe e J. Edgar Hoover, oferece várias explicações para esse e outros episódios delirantes. Nixon poderia estar drogado; era preciso muito pouco álcool para que ele se tornasse beligerante, e ainda mais virulento e incoerente quando juntava ao álcool algumas pílulas para dormir. Pode ser que estivesse hipermedicado, e talvez ele tenha se automedicado com um anticonvulsivo, chamado Dilantin, que lhe foi fornecido por um doador de campanha, e não prescrito por um médico. Pode ser que estivesse em um estado depressivo ou psicótico; por três décadas, e em grande segredo, ele consultou um psicoterapeuta chamado Dr. Arnold A. Hutschnecker. Pode até ser que acreditasse que os judeus estivessem atrás dele; inúmeras vezes ele usou de palavras de baixo calão ao se referir aos judeus.

O capítulo mais arrebatador nos dá as razões conclusivas para acreditar que Nixon e seus aliados – especialmente o procurador-geral, John Mitchell, e o vice-presidente, Spiro Agnew – tenham sabotado conscientemente as negociações de paz no Vietnã, em Paris, na primavera de 1968. Elementos dessa história já foram levantados antes em outros livros – entre outros – por Clark Clifford e Richard Holbrooke, Seymour Hersh e William Bundy. Mas esse é o relatório mais convincente que apareceu, baseado nas fitas liberadas a Summers pelo FBI. Muitos antigos democratas sabiam desse aterrador segredo, mas o mantiveram guardado, somente porque LBJ havia legal, ainda que vergonhosamente, grampeado Nixon e seus conspiradores, assim como a embaixada do Vietnã do Sul. (As interceptações dos telegramas pelo FBI são reproduzidas aqui.)

Utilizando uma série de intermediários extremistas e suspeitos, a campanha de Nixon secretamente assegurou aos generais sul-vietnamitas que se eles boicotassem a conferência comprada a um alto custo, do presidente Lyndon B. Johnson (o que o fizeram na véspera da eleição), teriam uma administração simpática. Ironia é muito pouco para descrever o que de fato obtiveram: uma guerra perdida, prolongada por quatro anos, e concluída – com muita humilhação adicional – nos mes-

162 O JULGAMENTO DE KISSINGER

mos termos que Johnson e Hubert Humphrey haviam oferecido em 1968. Summers falou com todos os participantes sobreviventes, incluindo a dramática figura intermediária de Anna Chennault, que agora se considera traída pelo acordo vergonhoso. Quase metade dos nomes naquele muro em Washington[31] foi inscrita depois que Nixon e Kissinger assumiram o poder. Ainda estremecemos ao contar o número de baixas de vietnamitas, laocianos e cambojanos. A conduta ilegal e fraudulenta de Nixon não somente prolongou uma terrível guerra, mas também corrompeu e subverteu uma eleição presidencial crucial: a combinação deve fazer disso a ação mais vil da história norte-americana.

Summers especula que o medo da revelação pode ter sido o motivo da violação de Watergate, um elemento a macular a já segunda gestão. Summers levanta várias hipóteses novamente. Se os violadores de Nixon não estavam procurando por pesquisa da oposição democrática na traição de 1968, estavam procurando por evidências de que os democratas ou sabiam sobre as propinas de Howard Hughes ao presidente ou, mais provavelmente, sabiam sobre os subsídios secretos pagos a Nixon e Agnew pela ditadura militar grega. São opções simpáticas, vocês concordarão; custou-me um pouco reduzi-las a estas três somente (com uma aposta alternativa de ter sido por conta de orgias com prostitutas que teriam implicado os dois partidos).

Para *connoisseurs* existem ainda mais detalhes – sobre as farsas do comparsa de Nixon, Bebe Rebozo, nas Bahamas; sobre negociações ilegais com a Máfia em Cuba; e sobre o lento martírio público do senhor presidente, que, segundo Summers, pode ter sido vítima de crueldade física e mental. Summers emprega a evasiva expressão "de acordo com o relatado" muito freqüentemente, o que considero dispensável. Mas ele normalmente não vai além de sua evidência. E dois temas sérios sustentam-se por si próprios. Richard Nixon foi capaz de criar complicações no exterior para fazer as coisas acontecerem na democracia norte-americana. Falta de dinheiro? O xá, ou a junta grega, ou alguma multinacional amiga mas inconveniente fornecerá o dinheiro, retribuído em negócios com armas, lucros ilícitos ou uma imaginativa nova linha de direitos humanos. Alguma coisa emperrou? Abrace os mesmos déspotas – Brezhnev ou Mao – cuja demonização alimentou sua carreira até tão longe. Disputa eleitoral

---

[31] Referência ao Memorial dos Veteranos no Vietnã.

se acirrando? Venda seu país conduzindo uma diplomacia corrompida, traiçoeira, com clientes fáceis, como em 1968.

O segundo tema envolve uma atração por violência, que talvez somente as notas póstumas de Hutschnecker irão explicar. Como muitos tipos defensores da lei e da ordem, Nixon tinha uma satisfação especial por brutalidades e repressão policial. Parece ter encorajado as mutilações que desfiguraram e transfiguraram seu *tour* pela América Latina como vice-presidente em 1958. Como presidente, ele pode ser ouvido em gravações concordando com o emprego de provocadores para espancar manifestantes antibelicistas ("Sim... Eles têm caras que vão lá e arrancam as cabeças deles fora"). Este é o mesmo homem ambíguo, maldoso e inseguro que adulterou seu próprio arquivo medíocre na guerra para concorrer ao Congresso, que adorava conversas obscenas mas não era muito bem-sucedido com o belo sexo, influenciável, que se enlameou a vida toda em dinheiro sujo. Um homem pequeno que dizia apoiar os humildes, mas estava comprometido com gatos gordos. Um pseudo-intelectual que detestava e se ressentia com a realidade. Summers completou a tarefa de muitos predecessores e tornou o trabalho de seus sucessores muito difícil. No processo, ele prestou um grande serviço ao descrever para os cidadãos de uma nação fundamentada sobre a lei e o direito a precisa obscenidade do momento em que a arrogância de um quase-César desaba na pieguice de um rei fraco e digno de piedade.

Em defesa de Nixon

Ao Editor:

Nós gostaríamos de levantar algumas questões sobre a avaliação parcial de Christopher Hitchens de um livro tendencioso, *A arrogância do poder*, de Anthony Summers (8 de outubro).

1. Nenhum de nós estava associado a Richard Nixon durante a campanha eleitoral de 1968, e as alegações de que ele bloqueou a iniciativa de paz no Vietnã durante a administração Johnson permanecem, segundo nosso ponto de vista, como alegações não fundamentadas. Em todo caso, os registros mostram que a lentidão sul-vietnamita (supostamente a serviço de um subordinado de Nixon) – mesmo se fosse verdade – não poderia ter provocado as

164 O JULGAMENTO DE KISSINGER

conseqüências que Summers alega. As extensas conversações de paz em Paris começaram no início de novembro, e qualquer atraso foi portanto pequeno. Nixon – como presidente eleito e no auge de sua força – encorajou o presidente Nguyen Van Thieu, do Vietnã do Sul, a cooperar com a administração Johnson. Além disso, se a questão é motivação política, qualquer discussão dessa ordem precisa ser iniciada com indícios nos arquivos soviéticos, de que os líderes da União Soviética foram levados a acreditar que um dos principais motivos para apressar o cessar-fogo e as conversações de paz era conseguir que *Hubert Humphrey* fosse eleito.

2. Também é preciso ter em mente que as extensas conversações de Paris, uma vez iniciadas, versavam sobre procedimentos e não sobre a essência dos problemas. Esssas conversações foram interrompidas imediatamente, não na questão de como terminar a guerra, mas se as guerrilhas vietcongs deveriam ter o mesmo *status* na mesa de negociações que o governo do Vietnã do Sul. Nenhuma proposta concreta de qualquer tipo foi apresentada pela administração Johnson. É, portanto, um contra-senso afirmar que Nixon em 1972 não conseguiu melhores termos do que Lyndon Johnson ofereceu em 1968. (Hanói rejeitou os termos do compromisso até 1972.)

3. O autor da resenha faz o jogo habitual com o número de soldados norte-americanos mortos em ação, alegando que quase metade das baixas ocorreu sob responsabilidade de Nixon. Um terço seria mais preciso. Mas isso não é a essência desta farsa. Quando Nixon assumiu o poder, os Estados Unidos já haviam perdido 36 mil soldados em ação. Das 20 mil mortes no período Nixon, 12 mil ocorreram no primeiro ano antes que qualquer nova política houvesse sido implementada, 9 mil nos primeiros seis meses – heranças claras da administração anterior. Quando Nixon entrou, os soldados norte-americanos mortos em ação perfaziam uma média de 1.500 por mês. Ao final do seu primeiro mandato, elas haviam sido reduzidas a 50 por mês. Quando Nixon assumiu, as tropas norte-americanas no Vietnã permaneceram em 525 mil, e ainda estavam aumentando de acordo com planejamento da administração Johnson. Em 1972, elas haviam sido reduzidas a 25 mil.

4. A administração Nixon concluiu a primeira negociação estratégica de controle de armas e o primeiro acordo para banir armas

biológicas; estabeleceu relações com a China; resolveu a crise de décadas com Berlim; lançou o processo de paz entre árabes e israelenses e iniciou as negociações de Helsinque, geralmente aceitas como o enfraquecimento do controle soviético do seu império de satélites, e como precursoras da unificação alemã. São essas ações as de um líder "embusteiro" como Hitchens qualifica Nixon?

5. Nixon era um estrategista. Ele realmente usava como estratégia circular a idéia de que, se provocado por um agressor estrangeiro, poderia responder desproporcionalmente. Mas é importante aqui separar o Nixon que algumas vezes expressou opiniões extremas aos seus confidentes para causar um efeito dramático ou retórico do Nixon que nunca fez realmente nenhum movimento internacional sem a mais cuidadosa e cautelosa análise. É hilário imaginar Richard Nixon comandando um golpe no próprio país. O secretário de Defesa James Schlesinger aparentemente instruiu, nos últimos dias de Nixon, o Alto Comando das Forças Armadas para ignorar ordens do seu comandante-em-chefe – uma presunção de autoridade sem precedentes. Quaisquer que tenham sido seus motivos, Schlesinger nunca nos procurou (ou a qualquer pessoa, tanto quanto saibamos) para discutir suas preocupações e o que fazer a respeito.

6. Com relação à história de Joe Laitin (um parceiro de Schlesinger) de que Nixon desceu correndo as escadas enlouquecido, saltando dois degraus de cada vez ao ser perseguido por agentes secretos, e literalmente o derrubou – isto é fora de propósito. Nixon não saltaria dois degraus de escada de cada vez, mesmo que sua vida dependesse disso.

Henry A. Kissinger
Nova York
Brent Scowcroft
Washington
(5 de novembro de 2000)

166 O JULGAMENTO DE KISSINGER

A decadência de Nixon

Ao Editor:

Ao ler a espirituosa defesa de Richard Nixon, feita por Henry A. Kissinger e Brent Scowcroft (Cartas, 5 de novembro), fiquei surpreso ao perceber que julgassem necessário dizer que eu havia inventado os detalhes do meu estranho encontro com o presidente. Eu estava lá; eles não.

Mas essa não é a questão central. Se o presidente tropeçou em mim ou não, isso não importa. Eu não posso jurar que estivesse descendo a escada, saltando dois, três ou um degrau de cada vez. Tudo o que eu disse é que vi sua expressão desesperada, enquanto estava sendo perseguido por agentes do serviço secreto – o que me alarmou e motivou minha ligação ao secretário de Defesa James Schlesinger. Como eu tinha acesso direto a Schlesinger, tendo trabalhado com ele por muitos anos, pude descrever os pequenos detalhes do incidente logo depois de ocorrido. Como Kissinger e Scowcroft bem sabem, a história não pode ser inventada e sugerir que eu menti sobre meu encontro com o presidente Nixon não pode mudar o que de fato aconteceu.

Joe Laitin
Bethesda, Md.
(19 de novembro de 2000)

Nixoniana

Ao Editor:

Na carta de Henry A. Kissinger e Brent Scowcroft (5 de novembro), o ex-secretário de Estado Henry A. Kissinger negou ter se associado ao secretário de Defesa James Schlesinger ao instruir o Alto Comando das Forças Armadas para ignorar as ordens do presidente Richard Nixon. Como alguém que, entre 1973 e 1975, serviu numa das unidades de batalha, em permanente prontidão para atender o presidente e os altos comandantes no caso de uma crise nuclear, o que sei prova o contrário. Como testemunhei, em sessões tanto abertas como fechadas, nos comitês da Câmara e do Senado desde 1975, Kissinger assinou sozinho ou em conjunto pelo menos três ordens dessas no último ano da presidência Nixon. Eu testemunhei o fato sob pena de perjúrio várias vezes.

Depois da primeira de tais ordens assinada por Kissinger, o Alto Comando pediu que quaisquer ordens subseqüentes fossem assinadas por pelo menos um outro membro do gabinete de Nixon. Uma segunda ordem, novamente uma instrução para não obedecer o presidente até segunda ordem, foi assinada por Kissinger e, se me lembro bem, por Elliot Richardson. Pelo menos mais uma outra foi assinada em conjunto por Kissinger e pelo secretário de Defesa Schlesinger. Tais ordens sempre foram enviadas como "Estritamente Confidencial, Distribuição Limitada". Às vezes permaneciam em efeito durante uma semana, a maior parte das vezes por dois a quatro dias. As ordens foram emitidas durante o período de visível instabilidade mental de Nixon. Repetidas vezes, as recebi em mãos, assim como a numerosas outras sobre delicadas questões de controle nuclear, durante aquele último e terrível ano da presidência Nixon.

Barry A. Toll
Painesville, Ohio
(12 de dezembro de 2000)

Ao Editor:

A carta de Henry Kissinger e Brent Scowcroft referente à biografia de Nixon, *A arrogância do poder*, constitui-se numa defesa inepta. Afirma que as alegações da sabotagem nixoniana nos esforços de paz de Johnson em 1968 se tratavam de "alegações não fundamentadas", e então deixa de contestar nossa detalhada análise – que inclui os arquivos recentemente liberados da vigilância de Nixon pelo FBI, conduzida às vésperas da eleição que levou Nixon ao poder.

Kissinger e Scowcroft citam as fontes dos arquivos soviéticos, entre outras coisas, para insinuar que a iniciativa de paz de Johnson foi apenas um estratagema político "para eleger Hubert Humphrey". Qualquer leitura dos arquivos de reuniões cruciais conduzidas na Casa Branca, disponíveis na biblioteca de Johnson, afasta esta idéia. Mas, mesmo se esse fosse o caso, não abranda a ofensa, suportada pelo volume de informações sugerindo que Nixon fez o inconcebível –

168 O JULGAMENTO DE KISSINGER

como um candidato político, não eleito, se intrometeu na condução de negociações de paz altamente delicadas do governo.

Os leitores de nosso livro verão que citamos em todas as páginas as fontes – que incluem mais de mil entrevistas. Se Kissinger houvesse nos concedido uma entrevista, teríamos relatado fielmente seus pontos de vista sobre os assuntos em questão. Nós fizemos nove solicitações por escrito em um período de dois anos, mas ele esquivou-se, desculpou-se e nunca nos atendeu.

Anthony Summers
Robbyn Swan
Cappoquin, Irlanda
(12 de dezembro de 2000)

Não Publicada

Ao Editor:

Considero uma honra ser atacado de tal maneira por Henry Kissinger e (por alguma razão) por seu sócio, general Brent Scowcroft. É certamente fascinante perceber um evidente nervosismo ao responderem às alegações que fiz.

O registro do envolvimento ilegal de Henry Kissinger na campanha presidencial de Nixon em 1968 está hoje tão extensivamente documentado, inclusive pelo próprio Nixon, que é difícil crer nos próprios olhos ao ler uma negativa desse tipo. "Nenhum de nós," disseram, "estava associado" àquela campanha. A desgraça adora companhia, diz o ditado; eu nunca me importei em questionar se o general Scowcroft tomou parte naquele triste episódio, mas sua própria modéstia – talvez desapontamento – serve apenas para contrastar a credibilidade do seu co-autor com a realidade. O senhor Kissinger foi contratado como principal conselheiro de Nixon para assuntos de segurança nacional assim que a eleição terminou, mesmo tendo os dois homens se encontrado somente uma vez. E foi, além disso, a primeira indicação de Nixon. E Kissinger agora nega que o fato não estava relacionado com os muitos serviços suspeitos executados por ele, de Paris, para John Mitchell e para o próprio Nixon? Se este for o caso, a espantosa negativa de fatos consumados seria interessante até para sugerir algo que não havia sido pensado: o incômodo de uma consciência pesada.

APÊNDICE I: UM FRAGMENTO PERFUMADO 169

Eu faço essa talvez injustificada sugestão por conta de uma formulação peculiar no mesmo parágrafo, em que o senhor Kissinger (chega de Scowcroft por hora) diz que

> registros mostram que a lentidão sul-vietnamita (supostamente a serviço de um subordinado de Nixon) – *mesmo se fosse verdade* – não poderia ter provocado as conseqüências que Summers alega. As extensas conversações de paz em Paris começaram no início de novembro, e qualquer atraso foi portanto pequeno. Nixon – como presidente eleito e no auge de sua força – encorajou o presidente Nguyen Van Thieu, do Vietnã do Sul, a cooperar com a administração Johnson. (destaque adicionado)

Este é um parágrafo bem escrito e sem erros. Mas os argumentos são desonestos. A "lentidão sul-vietnamita 'supostamente' a serviço de um subordinado de Nixon..." não estava "supostamente a serviço"; este fato foi assegurado e exaustivamente documentado. Se o outro sentido de "supostamente" é o pretendido, então não se trata de estar "a serviço de um subordinado de Nixon..." – o jogo de *empurra-empurra* em que os subordinados nunca dizem ao chefe o que fizeram – mas nesse caso estava sim sob as ordens do próprio Nixon. Isso tem sido sistematicamente relatado pelos muitos participantes democratas e republicanos de alto nível nesses graves acontecimentos, e não é contestado ou refutado por Kissinger. "No início de novembro" soa outonal, como se fosse uma descrição do ambiente, da estação no momento dos eventos, mas trata-se de um subterfúgio para ganhar tempo e encobrir a data da eleição. O que Kissinger quer dizer é que no curto intervalo quando "a lentidão" aconteceu, como era previsível, houve uma troca de regimes na Casa Branca. Esta é, ao final das contas, a hipótese (e toda a acusação). Uma vez eleito presidente, Nixon realmente parecia estar executando com muito empenho a linha de Johnson – que é um outro elemento no caso contra ele e seu recém-promovido "conselheiro de segurança nacional", que não tinha diferenças fundamentais com aquela linha.

As passagens precedentes e posteriores também deixam entrever desconforto. Kissinger não nega que existam evidências para esta grave alegação. Ele diz que a evidência não é convincente. Por acaso ele se importa em dizer o que não é convincente sobre a evidência citada por tantos historiadores e participantes, desde os astutos Bundy e Haldeman até o mais cético Clark Clifford? Evidentemente não. Em vez disso, muda de assunto para tomar fôlego, o que é altamente sugestivo:

170 O JULGAMENTO DE KISSINGER

> se a questão é motivação política, qualquer discussão dessa ordem precisa ser iniciada com indícios nos arquivos soviéticos, de que os líderes da União Soviética foram levados a acreditar que um dos principais motivos para apressar o cessar-fogo e as conversações de paz eram conseguir que *Hubert Humphrey* fosse eleito. (em destaque no original)

Essa frase desajeitadamente formulada merece uma análise detalhada. Aparentemente, motivação política é um subtexto que permite argumentar sobre as negociações de Paris. Afinal, desde que possa ser alegado – na verdade apenas sugerido – sobre os representantes democráticos, também pode seguramente ser alegado sobre seus opositores republicanos. Assim, devemos ser gratos pela concessão talvez inadvertida de Kissinger a um terreno comum. Entretanto, se o regime Johnson–Humphrey procurou administrar o tempo das conversações com seus próprios propósitos eleitorais (e este escritor não estava e não está em posição de aprovar nada do que fizeram), então o realizaram às vistas do público, e como governo, legalmente eleito e constituído, dos Estados Unidos. Nessa condição, eles estariam também sujeitos ao julgamento dos eleitores com relação ao seu aparente oportunismo. Enquanto os senhores Nixon, Agnew, Mitchell e Kissinger (até agora somente um deles não foi indiciado por abuso de poder ou outros) teriam conduzido uma "diplomacia" com interlocutores não reconhecidos, ilegais segundo o Ato Logan, ocultado não somente do público e legítimos negociadores do país, mas também do seu eleitorado! Esse é o principal agravante da acusação. Para colocar as duas noções no mesmo patamar, e para enfeitá-las com insinuações vagas e infundadas sobre informações "soviéticas", equivale a assumir a mesma atitude para com a Constituição dos Estados Unidos que Kissinger mais tarde adotou em relação à chilena.

É obviamente verdadeiro dizer que, no sentido militar-tecnocrático, existem muitas interseções entre a guerra promovida por Johnson e Humphrey e a guerra "herdada" por Nixon e Kissinger. Com relação a isso, algumas afirmações do ponto (3) não precisam ser discutidas. ("Um terço seria mais preciso". Minha nossa! Então Kissinger as contou, afinal! Enquanto ousa me acusar de estar fazendo o "habitual jogo de números".) Entretanto, se a "herança" transmitida de uma administração à outra foi realmente passada por meio de um filtro de negociações secretas ilegais com um encoberto terceiro poder – como foi autoritariamente argumentado, e como a administração em fim de mandato acreditava – e se o efeito disto foi aumentar o nível de violência em vez de diminuí-lo, então o senhor Kissinger deveria ser considerado um criminoso de guerra, descuidado somente quando se trata de baixas *norte-americanas.*

Vocês talvez atentem que ao buscar diluir as implicações acima Kissinger não diz nada em relação ao meu ponto original sobre o número de baixas imensamente aumentadas dos vietnamitas, cambojanos e laocianos entre 1969-1975; um período em que a guerra e sua devastação se estenderam a grandes e novas regiões de território civil, anteriormente neutras. Tal omissão não pode ser acidental; é o tipo de "descuido" que resulta de uma visão de mundo e esperanças racistas – em vão, creio eu – para concentrar a atenção e simpatia de sua audiência somente sobre suas "próprias" perdas.

Os parágrafos restantes desta carta estão repletos de propaganda noticiosa e vergonhosa falsidade, habilmente revelados pelas cartas publicadas dos senhores Laitin e Toll. Meu próximo livro, *O Julgamento de Kissinger*, irá, assim espero, responder às contestações que restaram.

Christopher Hitchens
Washington, DC

(Um *P.S.* para os leitores: Eu não me incomodei de não ver minha própria carta publicada; era excessivamente longa e eu já havia dito o que queria na resenha do *Book Review*. Também demorei demais para enviá-la, caso Kissinger – ou mesmo o desafortunado Scowcroft – resolvessem empregar as demolidoras respostas que receberam de Laitin e Toll. Mas nenhuma resposta veio, de forma que me permiti a satisfação de responder a um argumento que Kissinger havia iniciado e então abandonado.)

APÊNDICE II

A CARTA DE DEMETRACOPOULOS

3 de setembro de 1987

POR MENSAGEIRO

(Timbre do escritório de advocacia Dobrovir & Gebhardt, em Washington)

Dr. Henry A. Kissinger
a/c James E. Wesner, Esq.
Ginsberg, Feldman, Weil & Bress
Suite 700
1250 Connecticut Avenue, N.W.
Washington, D.C. 20036

Prezado Dr. Kissinger:

O senhor deve se lembrar da correspondência que lhe enviei, aos cuidados do seu advogado James Wesner, em 1980, com relação aos documentos do CSN referentes a Elias P. Demetracopoulos. Essas cartas nunca foram respondidas, em particular a última, de 24 de outubro de 1980. Pelo que o senhor nos disse por meio do seu advogado naquela época, fomos levados a crer que nem o senhor e nem o CSN possuíam quaisquer dos documentos descritos. Novos acontecimentos desde então demandam que renovemos este assunto com o senhor.

1. Os documentos de Richard M. Nixon, liberados em maio de 1987, incluíam os arquivos de John Dean relacionados ao senhor Demetracopoulos, mas não os documentos dos arquivos do CSN, pelo que sabemos.

2. Como o senhor sabe (uma vez que lhe enviamos as cópias), o CSN liberou para nós as cópias dos índices computadorizados mostrando que quando o senhor era conselheiro de segurança nacional e presidente do "Comitê 40" o CSN tinha cópias dos documentos relacionados ao senhor Demetracopoulos. O CSN nos informou que os documentos, se não estão nos documentos de Nixon (como parecem não estar), foram retirados pelo senhor, e, presumivelmente, estão em seus arquivos pessoais, aqueles arquivos enviados aos Arquivos Nacionais, ou nos que foram guardados na biblioteca do Congresso mas fechados ao público até 2001.

Dr. Henry A. Kissinger
3 de setembro de 1987
Página 2

3. Um dos índices do computador do CSN mostra um documento, datado de 18 de dezembro de 1970, que se refere à "morte do senhor Demetracopoulos na prisão em Atenas". Isso foi mais ou menos na época que os primeiros atentados foram feitos pela ditadura grega para raptar o senhor Demetracopoulos, que morava então neste país, presumidamente para enviá-lo de volta à Grécia para sua "morte em [uma] prisão em Atenas". Isso foi registrado recentemente através de depoimentos oficiais de conhecidos funcionários gregos. O Comitê Seleto de Inteligência do Senado, presidido pelo falecido senador Frank Church, começou a investigar o incidente em conexão com seu estudo de atividades da inteligência relacionados com a Grécia: mas, de acordo com as fontes do Comitê, como relatado por Seymour Hersh em seu livro *The Price of Power* (O preço do poder), o senhor exigiu que o comitê encerrasse a investigação, e eles o fizeram.

4. Os documentos liberados pela CIA desde outubro de 1980 referem-se a relatórios dirigidos ao presidente Ford, em outubro de 1974. O documento refere-se a um "papel de rastreamento" sobre o senhor Demetracopoulos, um "memorando derrogatório com cópia oculta" e "o longo memorando de Kissinger sobre Elias (Demetracopoulos)", "deixados... com o General Skowcroft". Cópias dos documentos referidos seguem em anexo.

O senhor deve estar ciente de que depois de muita discussão, correspondência e investigação do Congresso, o FBI e seu diretor, William Webster, e a CIA, sob responsabilidade do falecido diretor William Casey, reconheceram que, após anos de investigação, não encontraram nem menção de informações "derrogatórias" sobre o senhor Demetracopoulos. Cópia do documento em anexo.

Não podemos senão assumir que o senhor possui *pelo menos* uma cópia do "longo memorando de Kissinger" sobre o senhor Demetracopoulos, e o senhor talvez possua também cópias do "papel de rastreamento" e do "memorando derrogatório com cópia oculta".

Dr. Henry A. Kissinger
3 de setembro de 1987
Página 3

Solicitamos, para que possamos completar o registro histórico, que o senhor forneça prontamente a Demetracopoulos cópias dos documentos mencionados.

Sinceramente,

William A Dobrovir

Anexos jk

176   O JULGAMENTO DE KISSINGER

FAC-SÍMILE DA CARTA

DOBROVIR & GEBHARDT

SUITE 1105

1026 VERMONT AVENUE, N. W.

WASHINGTON, D. C. 20005

(202) 347-8118

TELEX: 6503136357

September 3, 1987

BY MESSENGER

Dr. Henry A. Kissinger
c/o James E. Wesner, Esq.
Ginsberg, Feldman, Weil & Bress
Suite 700
1250 Connecticut Avenue, N.W.
Washington, D.C. 20036

Dear Dr. Kissinger:

You will recall correspondence I sent to you, care of
your attorney James Wesner, in 1980, concerning NSC documents
referring to Elias P. Demetracopoulos. You never replied to
those letters, in particular to the last, October 24, 1980,
letter. From what you had told us through your attorney at
that time, we were led to believe that neither you nor NSC
possessed any of the described documents. Events since then
require us to renew this matter with you.

1.   Papers of Richard M. Nixon, released in May 1987,
included John Dean files relating to Mr. Demetracopoulos, but
no NSC files, as far as we know.

2.   As you know (since we sent you copies), NSC released
to us copies of computer indices showing that while you were
National Security Advisor and Chairman of the "40 Committee,"
the NSC did have copies of documents relating to Mr.
Demetracopoulos. NSC informed us that the documents, if not
in the Nixon papers (as they do not seem to be), were taken by
you and presumably repose in your personal files, those files
sent to the National Archives, or those files you have
deposited in the Library of Congress but which are closed to
the public until 2001.

APÊNDICE II: A CARTA DE DEMETRACOPOULOS 177

Dr. Henry A. Kissinger
September 3, 1987
Page 2

3. One of the NSC computer indices shows a document, dated December 18, 1970, which refers to "Mr. Demetracopoulos death in Athens prison." That was about the time that the first attempts were made by the Greek dictatorship to kidnap Mr. Demetracopoulos, then living in this country, presumably to spirit him back to Greece to his "death in [an] Athens prison." This has recently been documented in sworn statements of knowledgeable Greek officials. The Senate Select Committee on Intelligence, chaired by the late Sen. Frank Church, began investigating the incident in connection with its study of intelligence activities relating to Greece; but, according to Committee sources, as reported by Seymour Hersh in his book The Price of Power, you urged the Committee to drop the investigation, and it did so.

4. Documents released by the CIA since 1980 refer to briefings for then President Ford in October 1974. The document refers to a "trace paper" about Mr. Demetracopoulos, a "derogatory blind memo" and "the long Kissinger memo on Elias [Demetracopoulos]," "left ... with General Skowcroft." Copies of pertinent documents are enclosed.

You should be aware that after a great deal of discussion, correspondence and congressional investigation, both the FBI and then Director William Webster and the CIA under the late Director William Casey, acknowledged that their years of investigation turned up not a shred of "derogatory" information about Mr. Demetracopoulos. A copy of a document is enclosed.

We cannot help but assume that you possess at least a copy of "the long Kissinger memo" on Mr. Demetracopoulos, and you may also possess copies of the "trace paper" and the "derogatory blind memo."

Dr. Henry A. Kissinger
September 3, 1987
Page 3

We ask that, in order to complete the historical record you provide Mr. Demetracopoulos promptly with copies of the mentioned documents.

Sincerely yours,

William A. Dobrovir

Enclosures

jk

AGRADECIMENTOS

Quando a revista *Harper's* fez a gentileza de publicar os dois longos ensaios que saíram juntos neste livro, meu amigo e editor Rick MacArthur enviou previamente uma cópia para a ABC News em Nova York. Como havíamos criticado a complacência da mídia norte-americana e também atacado a indolência moral da bem alimentada comunidade americana "de direitos humanos", ele achou que seria justo dar ao produtor de *Nightline's* o direito de resposta. Depois de um certo tempo, obtivemos nossa resposta. "Existe alguma novidade nisso tudo?", disse o homem mais bem conceituado, no famoso *show* de apresentação de Kissinger.

Rick e eu nos abraçamos e rimos muito ao ouvir isso. Em Washington, Nova York, Los Angeles e qualquer capital cultural, a demanda superficial por novidades é também uma aliada da tática de giro favorita dos poderosos, que é confrontar uma alegação séria não se recusando a negá-la, mas sim tentando reclassificá-la como "notícia velha". A piada, naturalmente, era do produtor que havia dado uma resposta rançosa, previsível e gasta. (Perguntamos a ele posteriormente se havia alguma novidade na sua pergunta.)

Se tivesse sido feita de boa-fé, é claro, a mesma pergunta ainda mereceria uma resposta direta, que é esta. As informações contidas neste livro não são "novidade" para o povo do Timor Leste, de Chipre, de Bangladesh, do Laos e do Camboja, cujas sociedades foram destruídas por estadistas pervertidos.

Tampouco são "novidade" para os familiares dos desaparecidos e torturados no Chile. Mas *seriam* novidade para qualquer um que confiasse na ABC News para obter informações. Não são novidade para estadistas degenerados que concordam em aparecer naquela rede des-

180 O JULGAMENTO DE KISSINGER

de que lhes façam perguntas bajuladoras. Mas um pouco disso tudo pode ser novidade para muitos norte-americanos decentes que viram suas próprias leis e proteção violadas, e seu próprio dinheiro gasto em seu nome, mas sem sua permissão, em propósitos atrozes que não poderiam ser revelados pela gangue de Nixon–Kissinger. De fato, essa história é velha. Mas espero e tenho a intenção de contribuir para escrever o seu final.

Para dizer a verdade, *existem* algumas novidades neste livro; parte desse material novo chocou mesmo a mim. Mas não estou aqui para reconhecer meu próprio trabalho. Sempre que possível, dou crédito e mérito por meio da narrativa em si. Alguns débitos devem ainda ser mencionados.

Qualquer pessoa em Washington que resolva discutir a questão de Kissinger vai estar em dívida com Seymour Hersh, que foi o primeiro a contrapor a reputação desse homem com suas ações; e somente por meio deste método, e fazendo heróicas escavações de registros, começou um longo processo, que algum dia estará à altura da indigna e evasiva astúcia do mal oficial. Essa é uma batalha por transparência e pela verdade histórica, entre outras coisas. Se Hersh tem algum rival na área, ele é Scott Armstrong, fundador do Arquivo de Segurança Nacional, que representa em Washington o equivalente a uma comissão de justiça e verdade, até que a coisa real aconteça. ("E vamos torcer para que isso aconteça...")

Durante sua longa ausência da tela do radar moral do Ocidente, o povo do Timor Leste não poderia ter amigos melhores e mais valentes do que Amy Goodman e Allan Nairn. A família de Orlando Letelier e as famílias de tantas outras vítimas chilenas sempre puderam contar com Peter Kornbluh, Saul Landau e John Dinges, que ajudam a manter vivo em Washington um caso de crucial importância que um dia será justiçado. Lucy Komisar, Mark Hertsgaard, Fred Branfman, Kevin Buckley, Lawrence Lifschultz irão todos reconhecer a si próprios em meu empréstimo de seu trabalho, mais original e mais corajoso.

Algumas vezes um bate-papo com um editor pode ser encorajador; outras vezes não. Eu estava na metade de minha primeira explanação a Lewis Lapham, editor da revista *Harper's*, quando ele interrompeu e disse: "Está feito. Escreva. Mais que na hora. Nós vamos conseguir". Não confiei em mim mesmo para agradecer-lhe à época, como o faço agora. Em vez de fazê-lo, continuei com o trabalho, o que não pode-

AGRADECIMENTOS 181

ria ter feito sem a ajuda do extraordinário Ben Metcalf, da *Harper's*. Juntamente com Sarah Vos e Jennifer Szalai – meticulosos ao checar os fatos – nós revisamos o material repetidas vezes, nauseados e maravilhados com a constatação de que era tudo verdade.

O estado atual da legislação internacional sobre direitos humanos ainda é bastante incipiente. Embora de maneira irregular, mas perceptível, está evoluindo para um ponto em que pessoas como Kissinger não estarão mais acima da lei. Desenvolvimentos bem-vindos e inesperados tiveram um efeito vertiginoso. Espero que este fechamento esteja desatualizado quando for publicado. Por sua orientação sobre os estatutos existentes e precedentes, sou imensamente grato a Nicole Barrett da Columbia University, a Jamin Raskin e Michael Tigar do Washington College of Law na American University, e a Geoffrey Robertson QC.

Existem poucos momentos felizes nestas páginas. Ainda assim, eu me lembro bem do dia em que, em 1976, Martin Amis, então meu colega no *New Stateman*, me contou que seu trabalho literário seria transformado numa série de Joseph Heller chamada *Good as Gold*. Ele me mostrou o material proposto. Os capítulos 7 e 8 daquele romance, em particular, são uma sátira imortal, e devem ser lidos e relidos. (A passagem importante de abuso confirmado, obsceno e justificado, que envergonha a indústria editorial assim como a jornalística por sua cumplicidade com essa pessoa detestável, enganosa e sem graça, começa com a frase: "Até aquele pulha balofo do Henry Kissinger estava escrevendo um livro!".) Eu acabei me tornando amigo de Joe Heller, cuja morte em 1999 foi uma calamidade para muitos de nós, e meu último agradecimento é para o efeito revigorante da sua calorosa, ampla, hilária, séria e irrepreensível indignação.

Christopher Hitchens
Washington, 25 de janeiro de 2001

ÍNDICE ONOMÁSTICO

A

A Dangerous Place (Moynihan) 123

ABC News 26, 40, 179

Abourezk, James 145

Abrams, general Creighton 64, 68

Agnew, Spiro 138, 140, 161, 162, 170

Aldrich, George 132

Allende, Salvador 13, 14, 20, 25, 26, 84, 90-3, 95-6, 99, 105, 108

Ambler, Eric 153

Ambrose, Stephen 46

América Latina 22-3

Amis, Martin 181

Anderson, Jack 76, 134

Anderson, Martin Edwin 22

Anderson, Robert 117

Angola 33, 109, 124, 129, 131-4

Argélia 69

Armstrong, Scott 180

Arquivo de Segurança Nacional (ASN) 24, 30, 180

Aspin, Les 88

Aubrac, Raymond 55-6

Aung San Suu Kyi, Daw 151

Austrália 15

B

Bangladesh 13, 26, 34, 55, 79-88, 179

Barrett, Nicole 181

Beschloss, Michael 20

Berman, Larry 19

Blood, Archer 79-81

Bonanos, general Grigorios 117

Booster, Davis Eugene 86

Boyatt, Thomas 113, 115

Branfman, Fred 74-6, 180

Brasil 14-5, 28, 108

Bremer, Jerry 130, 132

Brezhnev 160, 162

Brown, general George 54

Brown, Jerome 74

Brown, Tina 40

Brzezinski, Zbigniew 51

Buckley, Kevin 66-8, 180

Bullene, general Egbert F. 64

Bundy, McGeorge 65

184 O JULGAMENTO DE KISSINGER

Bundy, William 51

Burdick, Quentin N. 142-3

Burma 150

Bush, George W. 12, 140

C

Callaghan, James 118

Camboja 12, 37, 40, 59, 62, 64-5, 68-75, 109, 155, 160, 179

Cardoso, Fernando Henrique 14

Carter, Jimmy 88

Casey, William 175

Cavallo, Ricardo Miguel 156

Chennault, Anna 45, 47, 49-50, 162

Cherry, Philip 86, 88

Chile 13-5, 22, 26-8, 34-9, 85, 89-90, 94-5, 97-103, 105-9, 155, 179

China 15, 56, 59, 68, 82-4, 109, 120-1, 124, 127, 148-9, 165

Chipre 34, 75, 109-19, 128, 135, 141, 143, 145, 155, 179

Chomsky, Noam 12

Chotiner, Murray 139

Chou En Lai 82

Choudhury, G.W. 82

Christian, George 45

Church, Frank 145, 174

Churchill, George 144

CIA (Central Inteligence Agency) 12, 14, 38-9, 47, 53-4, 76, 85-91, 93, 95-8, 100-1, 105-8, 110, 114-6, 128, 135-6, 138-9, 175

Clements Jr., William P. 54

Clifford, Clark 46-7, 51, 161, 169

Colby, William 53-4, 65

Connally, John 45

Constantopoulos, Savvas 116

Contreras, coronel Manuel 103, 106-8, 146

Coréia do Norte 110

Coréia do Sul 147

Corral, Rodolfo 29

Corson, coronel William 63

Costa-Gravas, Constantin 13

Counsel to the President (Clifford) 46

Cshanberg, Sydney 74

Cuba 110, 162

D

De Loach, Carha (Deke) 44-5, 49

Dean, John 44, 173

Demetracopoulos, Elias 26-8, 114, 117, 135-146, 173-5

Deng Xiaoping 119, 148-9

Diem, Bui 49-50

Dinges, John 22, 180

Diplomacy (Kissinger) 123

Dobrovir, William A. 136, 173, 175

Does America Need a Foreign Policy? (Kissinger) 15, 29

Donowan, major general Leo 64

E

Eagleburger, Lawrence 28, 130-1, 133, 148-50

ÍNDICE ONOMÁSTICO 185

Eisenhower, Dwight 53, 69

Ellsberg, Daniel 144

Estados Unidos 11-3, 15-6, 19, 22-5, 27-9, 34-5, 38-9, 41, 57-8, 60, 62-3, 67, 69-70, 72, 74-6, 79-82, 84-7, 89, 91, 93, 97, 99-103, 108, 110, 112-3, 116-7, 122-5, 127-8, 132-4, 138, 140-4, 150, 152, 154-7, 160-1, 164, 170

Evans, Harold 40

Evans, Rowland 27, 139

F

Farooq, major 85

Fawcett, J.E.S. 119

Ford, Gerald R. 20, 24, 34, 39, 53-4, 59, 84, 109, 122, 124-6, 129, 134, 143, 174

Frei, Eduardo 91

Fuentes de Alarcon, Jorge Isaac 101

Fulbright, William J. 114, 117, 142

G

Gandhi, Indira 84

Garzón, Baltasar 14, 156

Gaulle, Charles de 59

Gelb, Les 131

Goa 124-5, 128, 133

Good as Gold (Heller) 7, 181

Goodman, Amy 127, 180

Gore, Louise 140

Gravel, Mike 137, 142-3

Gray, Patrick 45

Grécia 27-8, 110-1, 113-5, 118, 140-2, 144, 174

Griffin, George 87

Guzzetti, César 22-4, 27

H

Habib, Philip 130-3

Haig, general Alexander 72, 94

Haldeman, H.R. 44-6, 48-9, 51, 58-9, 71-2, 77-8, 110, 169

Hall, Gary 21

Handwerk, general Morris 64

Hargrove, cabo Joseph 21

Harper's (Revista) 26, 74, 179-81

Harriman, Averell 48, 57

Hartman, Arthur 28

Hecksher, Henry 98

Heller, Joseph 7, 181

Helms, Richard 90-1

Hersh, Seymour 51, 161, 174, 180

Hertsgaard, Mark 180

Hill, Robert 22-3

Hirota, Koki 64, 69

Holbrooke, Richard 46, 48, 161

Hoover, J. Edgar 49, 77, 161

Horman, Charles 13, 29, 100

Humphrey, Hubert 43, 47, 49-52, 56, 66, 162, 164, 167, 170

Huntington, Samel 51

Hussein, Saddam 33, 150

Hutschnecker, Dr. Arnold A. 161, 163

Hyland, William 131

I

In the First Line of Defense
(Panayotakos) 144

Índia 81, 83-4, 127-8

Indochina 19-21, 34, 41, 44, 55-78, 156, 160

Indonésia 13, 24-5, 40, 122, 124-9, 131-4, 147, 151-2

Ingersoll, Robert 130-3

Ioannides, coronel Dimitrios 28, 112-5

Iraque 33, 122, 150

Irwin, John 87

Isaacson, Walter 51, 97

Iugoslávia 15-6, 149

J

Jackson, Henry 114

Johnson, Lyndon B. 20, 45-8, 50-3, 57, 66, 76, 161-4, 167, 169-70

K

Kamm, Henry 74

Karamessines, Thomas 91, 94-5, 97-8

Keating, Kenneth 81

Kendall, Donald 89-90

Kennedy, Edward 74, 103, 142

Khan, general Yahya 13, 80-4, 87

Khmer Vermelho 20, 59, 73

Kissinger, Henry 7, 11-7, 19-29, 33-5, 37-41, 44-5, 48-60, 64-6, 68-78, 80-5, 87, 89-91, 94-5, 97-103, 106, 108-137, 139-57, 159-60, 162, 165-71, 173-5, 179-81

Komisar, Lucy 180

Koppel, Ted 40, 74

Korda, Michael 37-8, 40-1

Kornbluh, Peter 180

Korry, Ed 85, 90-1, 95, 98

Kubisch, Jack B. 100

L

Laird, Melvin 65, 71, 73

Laitin, Joe 160, 165-6, 171

Lake, Anthony 73

Landau, Saul 180

Lansdale, coronel 60

Laos 12, 62, 64-5, 68-71, 73-5, 179

Lapham, Lewis 180

Leigh, Monroe 130-3

Leighton, Bernardo 101

Lester, major general James A. 64

Letelier, Orlando 101-3, 108, 146, 155, 180

Li Peng 155

Liechty, C. Philip 128

Lifschultz, Laurence 82, 85-8, 180

Loire, Roger Le 29

Lord, Winston 82

M

MacArthur, general Douglas 63

MacArthur, Rick 179

MacMaster, Brian 97

Makarios, arcebispo Mihail 84, 111-20, 135, 145, 155

Malik, Adam 129

ÍNDICE ONOMÁSTICO 187

Mao Tsé-tung 162

Marcovich, Hebert 55-6

Marshal, general Arturo 95

Marshall, Danny 21

Mascarhenas, Anthony 81, 86

Maw, Carlyle 130-3

Mayaguez 20, 21, 59-60

McCloskey, Peter 75

McCone, John 138

McGovern, George 145

McLarty, Mack 26

McNally, *Sir* Tom 118

McNamara, Robert 55, 65-6

Mesta, Perle 140

Metcalf, Ben 181

Milosevic, Slobodan 16, 149-50

Mitchell, John 44-6, 48, 50, 54, 71, 89, 138, 140-1, 161, 168, 170

Mobutu, Sese Seko 129, 134

Moffitt, Ronni Karpen 101, 108, 155

Morgan, Thomas 117

Morgenthau, Henry 79

Morris, Roger 69, 73, 84-5, 87, 110

Moss, Frank 137, 142-3

Moynihan, Daniel Patrick 123

Mujibur Rahman, xeique 80, 84-8, 135

Mustaque, Khondakar 85-7

N

Nairn, Allan 125-6, 180

Nasser, Gamal Abdel 69

Naughton, John 64

Nehru, Jawaharlal 84

Nixon, Richard M. 12, 19-20, 27, 37, 39-40, 43-54, 56-9, 65, 68-73, 76-8, 82-4, 87, 89-90, 96, 99, 110, 114, 117, 127, 138-41, 159-71, 173-4, 180

No Peace, No Honor: Kissinger, Nixon and Betrayal in Vietnam (Berman) 19

North, Oliver 19, 34

Novak, Robert 139

Nuremberg and Vietnam (Taylor) 61

O

O'Brien, Larry 138

O'Reilly, Anthony 148

Oriente Médio 25, 58, 109-10, 124

P

Panayotakos, Constantine 144-5

Papadopoulos, Charalambos 145

Papadopoulos, George 136

Pappas, Thomas A. 117, 138-41

Paquistão 79-80, 82-4, 87, 145

Pike, Otis 33

Pinochet 13-5, 26-7, 29, 35, 38-9, 100-3, 106-7, 146, 155-6

Pinto, Constancio 123

Podhoretz, Norman 40

Portugal 121-2, 128-9, 134

Posner, Richard 11

Prats, Carlos 101

Public Intellectuals: A Study of Decline (Posner) 11

Q

Qiao Guanhua 119

R

Rashid, major 85-6

Raskin, Jamin 181

Rebozo, Bebe 71, 162

Reynolds, major general Russel B. 64

Richardson, Elliot 167

RN: The Memoirs of Richard Nixon (Nixon) 48

Robertson, Geoffrey 181

Rockefeller, David 90, 149

Rockefeller, Nelson 48, 51, 55-6, 108

Rogers, William 26-7, 71, 73, 141

Rosenthal, Benjamin 140

Rostow, Walt 47

Roufogalis, Michael 136, 138

Ruanda 15

Rushdie, Salman 12

Rusk, Dean 47

Rússia 15, 102, 126, 133

Ryan, Patrick 100

S

Sampson, Nicos 116-7

Schaufele, William 132

Schlesinger, James 21, 160, 165-7

Schneider, general René 13-4, 30, 90-1, 96-9, 105, 135, 145, 155

Scowcroft, general Brent 148, 159, 165-9, 171

Shawcross, William 160

Shimkin, Alex 67-8

Sideshow (Shawcross) 160

Sihanouk, príncipe 72-4

Sisco, Joseph 28, 54, 130-2, 142

Sitton, coronel Ray 72-4

Solarz, Stephen J. 88

Solzhenitsyn, Alexander 34

Sonnenfeld, Helmut 28

Stevenson, Adlai 69

Stoga, Alan 150

Stroessner, Alfredo 101

Suharto, general 13, 24-5, 121, 125-6, 134, 151-2

Sullivan, William 74-5

Summers, Anthony 49, 159-64, 168-9

Swan, Robbyn 159, 168

Symington, Stuart 53

Szalai, Jennifer 181

Szulc, Tad 68

T

Tasca, Henry 28, 114-5, 140-5

Taylor, general Telford 61-5, 69

Teruggi, Frank 100

Thatcher, Margaret 107

The Arrogance of Power: The Secret World of Richard Nixon (Summers) 49, 159

The Ends of Power (Haldeman) 110

The Haldeman Diaries (Haldeman) 44, 46, 49, 51, 58-9, 71-2, 77-8, 110, 169

ÍNDICE ONOMÁSTICO 189

The Last Battle: the Mayaguez Incident and the End of Vietnam War (Wetterhahn) 20

The Tangled Web (Bundy) 51

The Truth (Bonanos) 117

The Vantage Point (Johnson) 51

The White House Years (Kissinger) 58, 71

Thieu, Nguyen Van 45-7, 49, 59, 66, 164, 169

Tigar, Michael 181

Timor Leste 13, 19, 24-6, 34, 121-34, 147, 151-2, 179-80

Tito (Josip Broz) 84

Toll, Barry A. 167, 171

Torres, Juan 101

Triplett, William 21

Turquia 79, 110-1, 114, 118

U

União Soviética 56, 80, 120, 123, 128, 164, 170

V

Valenzuela, general Camilo 94-8

Viaux, general Roberto 91-8, 106

Videla, general Jorge Rafael 22-3, 101

Vietnã 13, 43-6, 48-50, 52, 55-64, 66-8, 73, 78, 83, 102, 109, 124, 126, 138, 161, 163-4, 169

Vlachos, Angelos 144

Vos, Sarah 181

W

Wallace, George 50

Walters, general Vernon 107

Washington 13, 19, 22-8, 30-1, 34, 38-9, 43-4, 46-7, 49, 55, 60, 62, 68, 73, 76-7, 79, 81-2, 84-9, 91, 93-4, 96, 98-9, 101, 103, 105-8, 113-5, 117-8, 135-6, 138-42, 144-6, 150, 152, 155, 157, 162, 165, 171, 173, 179, 180-1

Watts, William 71

Webster, William 139, 175

Weiner, Tim 38-9

Westmoreland, general William 71

Wetterhahn, Ralph 20-1

Wimert, coronel Paul M. 97

Witcover, Jules 51

Woods, Rose Mary 141

Y

Yamashita, general Tomoyuki 61, 63

Years of Upheaval (Kissinger) 40, 109, 111

Years of Renewal (Kissinger) 39, 102, 110, 111, 121

Yiounis, Lt. coronel Sotiris 145

Z

Zia al-Haq, general Mohammad 88

Zumwalt, Admiral Elmo 83

OUTROS LANÇAMENTOS DA BOITEMPO EDITORIAL

PARA ALÉM DO CAPITAL – rumo a uma teoria da transição
István Mészáros
Tradução de Paulo Castanheira e Sérgio Lessa

O NOME DA MARCA – McDonald's, fetichismo e cultura descartável
Isleide Arruda Fontenelle
Apresentação de Chico de Oliveira; prefácio de Paulo Arantes

O RELATÓRIO LUGANO
Susan George
Tradução de Afonso Teixeira Filho
Prefácio de Laymert Garcia dos Santos

TROPICALISMO – decadência bonita do samba
Pedro Alexandre Sanches

OS JACOBINOS NEGROS – Toussant L'Ouverture e a revolução de São Domingos
C.L.R. James
Tradução de Afonso Teixeira Filho

A ECONOMIA COMO ELA É...
Paulo Nogueira Batista Jr.

A CRISE COMPLETA – a economia política do não
Lauro Campos

A SEGUNDA VIA – presente e futuro do Brasil
Roberto Mangabeira Unger

OS SENTIDOS DO TRABALHO – ensaios sobre a afirmação e a negação do trabalho
Ricardo Antunes

O PODER, CADÊ O PODER? – ensaios para uma nova esquerda
Emir Sader

OS DONOS DA VOZ – mundialização da cultura e indústria fonográfica no Brasil
Márcia Tosta Dias

O REVOLUCIONÁRIO CORDIAL – Astrojildo Pereira e as origens de uma política cultural
Martin Cezar Feijó

PARCEIROS DA EXCLUSÃO – duas histórias sobre a construção de uma "nova cidade" em São Paulo
Mariana Fix

COM PALMOS MEDIDA – *terra, trabalho e conflito na literatura brasileira*
Organização de **Flávio Aguiar**; ilustrações de **Enio Squeff**; prefácio de Antonio
Candido

ELES ERAM MUITOS CAVALOS
Luiz Ruffato
Prêmios APCA e Machado de Assis de Melhor Romance 2001

GERAÇÃO 90: manuscritos de computador
Nelson de Oliveira (org.). Contos de **Marçal Aquino, Fernando Bonassi, Cíntia
Moscovitch, João Anzanello Carrascoza, Luiz Ruffato, Rubens Figueiredo,
Marcelo Mirisola** e outros

BAUDELAIRE
Théophile Gautier
Tradução de Mário Laranjeira
Apresentação e notas de Gloria Carneiro do Amaral

DAS MEMÓRIAS DO SENHOR DE SCHNABELEWOPSKI
Heinrich Heine
Tradução e apresentação de Marcelo Backes

EU VI UM NOVO MUNDO NASCER
John Reed
Tradução e apresentação de Luiz Bernardo Pericás

NAPOLEÃO
Stendhal
Tradução de Eduardo Brandão
Apresentação de Renato Janine Ribeiro

ANITA
Flávio Aguiar
Prêmio Jabuti de Melhor Romance 2000

(OS SOBREVIVENTES)
Luiz Ruffato
Menção Especial do Prêmio Casa de las Americas 2001

HISTÓRIAS DE REMORSOS E RANCORES
Luiz Ruffato

DUAS TARDES e outros encontros silenciosos
João Anzanello Carrascoza

Esta obra foi composta em Gatineau 11/13,2
e impressa nas oficinas da Gráfica Assahi,
com fotolitos produzidos pela OESP,
em junho de 2002, para a Boitempo Editorial.